光文社

「最初の2秒」の「なんとなく」が正しい

第1感

blink

The Power of Thinking Without Thinking

マルコム・グラッドウェル｜著

沢田 博・阿部尚美｜訳

第1感

「最初の2秒」の「なんとなく」が正しい

目次

＊
プロローグ　9
どこかおかしいギリシャ彫刻　9
なんとなく気づいた必勝の法則　14
適応性無意識の力　17
きっと世界が変わる　21

第1章　「輪切り」の力――ちょっとの情報で本質をつかむ　23
夫婦げんかの15分ビデオ　24
夫婦の15年後を予測する　25
結婚とモールス信号　29
離婚する夫婦のサイン　35

学生寮の秘密 39
訴えられる医者と訴えられない医者 44
ひと目で見抜く力 48

第2章 無意識の扉の奥——理由はわからない、でも「感じる」 53

ダブルフォールトを見抜くテニスコーチ 54
行動を促すプライミング実験 58
自発的行動は幻 62
未来のパートナーを「輪切り」にするスピードデート 66
理想と現実のズレ 69
説明をできないと話をでっちあげる 72

第3章 見た目の罠――第一印象は経験と環境から生まれる 79
アメリカ史上最悪の大統領 80
「輪切り」の暗い側面 83
無意識の連想 84
無意識な態度が意識的な価値観を裏切る 91
トップセールスマン成功の秘密 95
「カモ」と思われやすい客 98
第一印象を操作する 102

第4章 瞬時の判断力――論理的思考が洞察力を損なう 105
史上最大規模、最もお金のかかった軍事演習 106
ならず者司令官がコンピュータを破る 109

即興芝居にみる高度な判断 117
言語が情報を書き換える 123
ERの危機——心臓発作を見分ける確率 131
情報過多が判断の邪魔をする 141
ならず者司令官の後日譚 148

第5章 プロの勘と大衆の反応——無意識の選択は説明できない 151

プロが認めたのに成功しないミュージシャン 152
クリントン大統領と世論調査 157
コカ・コーラへのペプシの挑戦 160
「感覚転移」と市場調査の罠 162
なじみのないものは説明できない 171
革新的製品は市場調査になじまない 177

味覚のプロの特殊技能 180
自分の考えを知る能力の喪失 183
第一印象を再現できるプロ 185
「レコード会社のやり方はひどすぎる」 190

第6章 心を読む力——無意識を訓練する 193

ニューヨーク、ホイーラー通りの悲劇 194
致命的な三つの間違い 199
顔の表情を解読する 202
感情は顔の表情から始まる 210
顔はペニスに似ている 213
男と女と明かりのスイッチ 219
最適な覚醒状態とは 226

興奮すると相手の心が読めなくなる　231
レーガン暗殺未遂事件の教訓　234
人は時間がないと先入観に引きずられる　237
瞬時の判断力を高める訓練　241
数秒の中にある一生分の判断　246

エピローグ　249
仕切り越しのオーディション　249
目で聴いた審査員　252
最初の2秒が奇跡を生む　256

*
謝辞　259
訳者あとがき　261

プロローグ

どこかおかしいギリシャ彫刻

一九八三年九月、ジャンフランコ・ベッチーナと名乗る美術商がＪ・Ｐ・ゲッティ美術館（カリフォルニア州）の門をたたいた。聞けば紀元前六世紀の大理石像を手に入れたという。「クーロス」と呼ばれる立像で、全裸の若い男が気をつけの姿勢で立ち、左足をやや前に出したポーズ。世界中で二〇〇体ほど見つかっているが、そのほとんどは発掘された時点で損傷がひどかったり、どこかが欠けていたりする。しかし自分の手に入れたクーロス像の保存状態はほぼ完璧で、高さは二メートルほど、古代の彫像にしては珍しく輝くような色をしているという。文字通りの掘り出し物だ、買わないか。ベッチーナの言い値はざっと一〇〇〇万ドルだった。

ゲッティ側は慎重に対応した。まず問題のクーロス像を借り入れて、徹底的な調査にかけた。そのクーロス像と比べて不自然なところはないだろうか？　いや、見たところどこもおかしくない。そのスタイルは、アテネの国立考古学博物館にある「アナヴィソスのクーロス」と一致しているように思われた。ならば、製作年代や場所には問題がないことになる。

ではどこで、いつ発見されたのか。確かなことは不明だが、ベッチーナがゲッティ美術館の法務部門に提出した文書によれば、このクーロス像は一九三〇年代以降、スイス人の医師ラオフェンベルガーが所有していた。そしてラオフェンベルガー医師は、これをルソスという名の著名なギリシャ人美術商から買ったという。

カリフォルニア大学の地質学者スタンリー・マーゴリスが招かれ、高解像度の立体顕微鏡を使って二日がかりで彫像の表面を精査した。さらに右の膝下から直径一センチ、長さ二センチほどのサンプルを取り、電子顕微鏡や質量解析機、X線回折などのハイテク手法を駆使して調べ上げた。素材はドロマイト（白雲岩）と呼ばれる大理石で、ギリシャ北東部のタソス島にある古代の採石場から切り出されたものに違いない、とマーゴリスは結論した。また表面は結晶化した炭酸カルシウムの薄膜で被われていた。マーゴリスによれば、ドロマイトが結晶化するには数千年、少なくとも何百年かかかるという。ならば、この彫像はかなり古いことになる。せいぜい数十年前に作られた偽物ではないわけだ。

ゲッティ側は満足した。クーロス像の購入を決めたのは、鑑定調査を始めてから一四か月後。初公開は一九八六年の秋。当時のニューヨーク・タイムズ紙は、そのニュースを第1面で報じている。数か月後にはゲッティ美術館の古美術担当学芸員マリオン・トルーが専門誌バーリントン・ジャーナルに寄稿し、クーロス像取得にいたる経緯を誇らしげに綴っている。「誰の手も借りずに直立し、左右の手を両の腿にぴたりとつけたこのクーロス像は恐れを知らぬ生命力を発散しており、それは現存する最も優れたクーロス像に共通する特徴である……」

だが、このクーロス像には問題があった。どこかおかしいのだ。それを最初に指摘したのは、イタリア人の美術史家フェデリコ・ゼリ。ゲッティ美術館の評議員を務めるゼリが、同館の修復スタジオに案内されたのは一九八三年十二月のことだ。そのとき彼の目は、なぜかクーロス像の指先に釘付けになった。爪が変だ。理由はわからないが、彼にはそう思えたという。次はイブリン・ハリソン。古代ギリシャの彫刻に関しては世界でも指折りの専門家で、たまたまロサンゼルスにいて、ゲッティが購入契約を交わす寸前に美術館を訪れた。「当時の主任学芸員アーサー・ホートンが私たちを案内してくれたわ」とハリソンは言う。「かけてあった布をさっとめくって、彼は言ったの。『まだ私たちのものじゃありませんが、一二週間もすれば私たちのものになります』。それで私は『お気の毒に』って答えた」。なぜ？　答えは彼女自身にもわからなかったが、学芸員が布をめくった瞬間、彼女にはピンとくるものがあった。何かがおかしいと、直感的に感じたのだ。

その数か月後には、ニューヨークのメトロポリタン美術館の元館長トマス・ホービングが訪れ、やはりクーロス像と対面した。新しいものを目にしたときは必ず最初に頭に浮かんだ言葉を書きとめておく習慣の持ち主である。ホービングによれば、そのクーロス像を見た瞬間に浮かんだ言葉は「新しい」。二〇〇〇年前の作とされる彫像の第一印象としては、いかにも奇妙だ。のちにホービングは、なぜそう感じたのかをこう説明している。「以前にシチリアで発掘を行ったとき、クーロスの断片を見つけたことがある。そのときの見え方と、どこか違っていたんだ。ゲッティのクーロス像は、なんだかスターバックスのカフェラテに漬け込んであったように見えた」

「買ったのかね？」。そのときホービングは、案内役のホートンに尋ねた。答えに窮するホートンに、ホービングは追い討ちをかけた。「もし買ったのなら、金を取り戻したほうがいい。まだなら、絶対に買うな」

困ったゲッティ美術館は、ギリシャでこのクーロス像に関するシンポジウムを開くことにした。像を慎重に包装してアテネへ運び、ギリシャの名だたる専門家たちに見てもらった。しかし、不信の声は高まるばかりだった。

イブリン・ハリソンは、彼女と一緒に像を見ていたゲオルグ・デスピニスの言葉を覚えている。アクロポリス博物館（アテネ）の館長であるデスピニスは、一目見て吐き捨てるように言った。「土の下から出てきた像を一度でも見たことのある人ならわかるはずだ。こいつは地面の下に埋まっていたものじゃない」。アテネ考古学会会長のゲオルギオス・ドンタスも、対面した瞬間にしらけてしまったという。「初めて見た瞬間、なんだかガラス越しに見てるような感じがした」

シンポジウムの席ではベナキ美術館のアンゲロス・デリボリアスがドンタスと同様な感想を述べた。タソス島の石が使われているという事実と製作スタイルとの矛盾について延々と論じたあと、デリボリアスは決定的な一言を発した。こいつが偽物だと思うのは、一目見た瞬間に「直感的な反発」があったからだ、と。もはや結論は明らかだった。シンポジウム出席者の多くは、本物ではないという結論に達しているように見えた。弁護士や専門家を総動員し、何か月もかけてゲッティ美術館が到達した結論と、古代ギリシャ彫刻に関する世界的な権威たちが一目見て「直感的に」得た結論とが食い違ったのである。どちらを信じればいいのか。

　こういう古い美術品に関して、専門家の意見が食い違うことは珍しくない。しかし徐々に、ゲッティ側に不利な証拠が出てきた。まず、ゲッティ側の弁護士が徹底的に調べ上げたはずの手紙類が偽物だった。一九五二年のものとされる一通の手紙には、二〇年後にようやく採用された郵便番号が記されていた。一九五五年のものとされる手紙には、一九六三年に開設された銀行口座の番号が記されていた。製作スタイルが「アナヴィソスのクーロス」と一致するという鑑定も怪しくなってきた。古代ギリシャ彫刻に詳しい人が見れば見るほど、異なる時代や場所の影響が見つかったのである。

　細身の体格はミュンヘンの美術館にある「テネアのクーロス」に似ていたし、そのヘアスタイルはニューヨークのメトロポリタン美術館所蔵のクーロス像に似すぎていた。その足は、なんと言うか、妙にモダンだった。結局のところ、ゲッティ版クーロス像にいちばん似ていたのは一九九〇年にイギリスの美術史家がスイスで発見したものだった。ずっと小ぶりで、しかも不完全な彫像である。どちらも同じ大理石を使っており、彫刻の技法もよく似ていた。ただしスイスのクーロス像は、古代ギリシャの産ではなかった。一九八〇年代前半に、ローマの贋作（がんさく）者の工房で生まれたものだった。では、しかし、あの科学的な年代鑑定は何だったのか。ゲッティ版クーロス像の表面は、少なくとも何百年かの時を経たものと断定されたのではなかったか？　あいにく、それほど明確な断定ではなかった。あとから調べた別な地質学者によれば、ジャガイモを腐らせるカビの一種をドロマイトにつけて何か月か「熟成」させるだけで、あれくらいにはなるという。

ゲッティ美術館のカタログには、今もこのクーロス像の写真が載っている。年代についての記述はこうだ。「紀元前五三〇年頃、あるいは現代の模造品」

フェデリコ・ゼリもイブリン・ハリソンもトマス・ホービングもゲオルギオス・ドンタスも、みんなそれを見たとき「直感的な反発」をおぼえた。そのひらめきに狂いはなかった。わずか2秒、文字通り一目で、その像の正体を見抜いたのである。ゲッティ美術館の鑑定チームは一四か月かけて調べ上げたが、彼らの2秒にかなわなかった。

本書『第1感』は、この最初の2秒にまつわる物語である。

なんとなく気づいた必勝の法則

単純なカードめくりで運だめしをしてみよう。用意したのは四組のカード。赤いカードと青いカードが二組ずつだ。一枚ごとに「○ドルの勝ち」あるいは「○ドルの負け」と記されている。勝負は簡単、四つの山のいずれかからカードを一枚ずつめくっていき、最後にもうけが残れば吉、大損したら凶だ。本当は必勝の法則があるのだが、もちろんあなたは知らない。赤組のカードには大勝ちもあるが、けっこう大損するカードもある。だから赤を引くとリスクが大きい。逆に、青組には大勝ちカードは少ないが、負けを引いても損失は少ない。だから、赤を捨てて青ばかり引いていけば確実にもうかる。さて、あなたはいつ頃、この必勝の法則に気づくだろう？

しばらく前にアイオワ大学の研究者たちが行った実験によると、たいていの人はカードを五〇枚ほどめくったところで、なんとなく必勝の法則に気づいたという。まだ「青を引けば勝てる」という確信はないが、なんとなく「青のほうがよさそうだ」と思い始める。さらに続けて、八〇枚ほどめくれば必勝法に確信を持ち、なぜ赤いカードを避けたほうがいいのかも正確に説明できた。経験の積み重ねで一定の仮説をたて、さらに経験を重ねて仮説を検証する。きわめて常識的な学習のプロセスである。

面白いのはここからだ。研究者らは被験者の手のひらに測定機を取りつけ、汗の出方を調べた。手のひらの汗腺はストレスに反応する（だから緊張すると、手のひらがじわっと汗ばむ）。

さて、結果は？　なんと一〇枚目くらいで、みんな赤いカードにストレス反応を示し始めた。彼らが「なんとなく」赤は危ないと意識したのとほぼ同時に、それから四〇枚もめくったあとである。それだけではない。手のひらが汗ばんできたのとほぼ同時に、参加者の行動パターンも変わり始めたのだ。青いカードをめくる回数が増え、赤をめくる回数は減った。つまり、「なんとなく」ルールがわかったと意識する前から、なんらかの方法で法則に気づき、危険を回避する行動を取り始めていたことになる。

数人の被験者とストレス測定機を使っただけの簡単な実験だが、人の心の動きを知るうえでは実に興味深い。このゲームでは、素早くリスクを判断して次々とカードをめくらなければならない。

しかも一枚めくるたびに新たな情報（どのカードでいくら勝ったか、いくら負けたか）が追加される。そういう状況で、人はどのように判断を下すのか。どうやら私たちの脳は、まったく異なる二つの働き方をするらしい。

まずは意識的な働き方。経験に学び、情報をたっぷり蓄積し、整理してから答えを出す。論理的で、確実なやり方だ。しかし結論が出るまでに時間がかかる。この実験では、カードを八〇枚もめくる必要があった。

もうひとつのやり方は、たいして時間がかからない。カードを一〇枚めくれば十分だった。手に汗がにじんできて、なぜか赤のカードには手を出さなくなる。実に手っ取り早いが、あいにく自分には「判断した」という意識がない。なんらかの判断があったらしいことは、手のひらの汗といった間接的な現象で確認するしかない。

先のクーロス像の例でいえば、イブリン・ハリソンやトマス・ホービング、そしてギリシャの学者たちも後者のやり方で真贋（しんがん）を見分けた。けっして自分の持てる情報をすべて活用したわけではない。一発でわかる情報だけを使って瞬時に判断を下した。そうした思考法を、認知心理学者のゲルト・ギーゲレンツァーは「素早く無駄のない」思考法と呼ぶ。影像をひと目見ただけで脳の一部が反応し、意識レベルで考えるより早く、何かを感じたのだ。カードめくりの場合は、その「何か」が手のひらの汗だった。トマス・ホービングの場合は、とっさに浮かんだ「新しい」という言葉だった。およそ古代ギリシャ彫刻には似つかわしくない言葉である。アンゲロス・デリボリアスにとっては「直感的な反発」であり、ゲオルギオス・ドンタスにとっては「ガラス越しに見ているような感じ」だった。なぜ偽物なのかは説明できなくても、彼らはそれで偽物と見抜いた。

適応性無意識の力

このように一気に結論に達する脳の働きを「適応性無意識」と呼ぶ。心理学で最も重要な新しい研究分野のひとつである。適応性無意識は、フロイトの精神分析で言う無意識とは別物だ。フロイトの無意識は暗くぼんやりしていて、意識すると心を乱すような欲望や記憶や空想をしまっておく場所だ。対して適応性無意識は強力なコンピュータのようなもので、人が生きていくうえで必要な大量のデータを瞬時に、なんとかして処理してくれる。

歩いて通りに出た瞬間、トラックがこちらをめがけて突っ込んでくるのが見えたとする。あらゆる行動の選択肢を考えている暇があるだろうか。もちろん、ない。人類が厳しい生存競争を勝ち抜いてこれたのは、情報がわずかでも素早く適切な判断を下す能力を発達させてきたからにほかならない。心理学者ティモシー・D・ウィルソンは著書『自分を知り、自分を変える：適応的無意識の心理学』（新曜社、二〇〇五年）に書いている。「高度な思考の多くを無意識に譲り渡してこそ、心は最高に効率よく働ける。最新式のジェット旅客機が〈意識〉的なパイロットからの指示をほとんど必要とせず、自動操縦装置で飛ぶのと同じだ。適応性無意識は状況判断や危険告知、目標設定、行動の喚起などを、実に高度で効率的なやり方で行っている」

ウィルソンによれば、人は状況に応じて思考のモードを意識と無意識の間で切り換える。同僚を夕食に招くという決定は意識的に下す。あなたはその思いつきについてじっくり考え、楽しいはずだと判断して、招待する。一方、その同僚と口論するというとっさの判断は無意識に下す。働いているのは脳の別の部分であり、その気にさせたのはあなたの人格の別の部分だ。

初対面の人に会うとき、求職者を面接するとき、新しい考えに対処するとき、せっぱつまった状況でとっさに判断しなければならないとき。そういうときに、私たちは適応性無意識に頼る。たとえば学生の頃、担当教官が有能かどうかを判断するのに、私たちはどれくらいの時間を費やしただろう。最初の授業で？　それとも二回目の授業のあと？　一学期目の終わり？

心理学者のナリニ・アンバディによれば、学生たちに教師の授業風景を撮影した音声なしのビデオを10秒間見せただけで、彼らは教師の力量をあっさり見抜いたという。見せるビデオを5秒に縮めても、評価は同じだった。わずか2秒のビデオでも、学生たちの判断は驚くほど一貫していた。さらに、こうした瞬時の判断を一学期終了後の評価と比べてみたところ、本質的な相違はなかったという。初顔の教師の無声ビデオを2秒見ただけで下した判断は、その教師の授業を何度も受けた学生の判断と大差なかった。これが適応性無意識の力である。

あなたも初めてこの本を手にしたときに同じような判断を下したのかもしれない。最初、この本を何秒間手に持っていただろうか。2秒くらいだろうか。それだけの間に表紙のデザインを見て、私の名前から何かを連想し、クーロス像についての最初の数行を読んで、考えやイメージや先入観が頭にさっと浮かび、なんらかの印象を持ったはずだ。そのときの印象が悪ければ、きっとここまで読み進んではいない。いったい、その2秒間に何が起きていたのか。

このような瞬間的認識は、胡散臭い（うさんくさい）と思われがちだ。私たちは、判断の質はそれに費やした時間と努力に比例すると信じてきた。医者は難しい診断を下す前に何度も検査を繰り返す。その診断に納得できなければ、患者は別な医師の意見（セカンド・オピニオン）を求める。ことわざでは「せいてはことを仕損じる」と言う。飛ぶ前に確かめろ、立ち止まって考えろ、本を表紙で判断するな、とも。できるだけ多くの情報を集め、できるだけ時間をかけて考えたほうが正しい結論を出せると、私たちは信じている。信用できるのは意識的な判断だけだ、と。しかし、本当にせっぱつまったときなどは、せいてもことを仕損じない。とっさの判断と第一印象だけでも、人は状況を的確に理解できるのだ。瞬時に下した判断も、慎重に時間をかけて下した結論と比べて、けっして見劣りしない。この事実に目を向けてもらうことが、本書の第一の目的である。

いや、私とて瞬間の判断を無条件にほめそやすつもりはない。言うまでもなく、本能が人をあざむく瞬間もある。いい例が、ゲッティのクーロス像だ。どう見ても偽物なのに、なぜ天下のゲッティ美術館が買ってしまったのか。一四か月にわたる鑑定作業中に、ゲッティの人たちの誰も「直感的な反発」を感じなかったのだろうか。たぶん彼らの瞬間的な認識力（適応性無意識）が、なんらかの理由で曇っていたのだ。

では、なぜ曇ったのか。ひとつには、人が「科学的」データを信じやすいという事情があるだろう（地質学者のスタンリー・マーゴリスは自分の分析結果を少しも疑わず、自信満々で専門誌に鑑定報告を執筆したくらいだ）。しかし最大の理由は別にある。ゲッティ側に、この彫像は本物であってほしいという熱い願望があったのだ。カリフォルニアのゲッティ美術館はまだ歴史が浅く、目玉になる作品を欲しがっていた。そこへクーロス像が舞い込んだので、専門家としての直感が鈍ってしまったのだろう。そういう例は他にもある。

かつて美術史家のジョージ・オーティスは、古代ギリシャ彫刻の権威エルンスト・ラングロッツから一体のブロンズ像を買わないかと持ちかけられた。その彫像を一目見て、オーティスは唖然とした。多少とも目の肥えた人間ならすぐに偽物とわかる代物だったからだ。ギリシャ彫刻の権威ラングロッツが、なぜこんなものを後生大事に持っていたのか。その理由を、オーティスはこう推測する。「私が思うに、ラングロッツは若い頃、この作品にほれ込んでしまったのだ。たぶん、若い彼が最初に出会った作品なのだろう。そして本物と信じてしまった。その後にいくら知識が蓄積されても、この第一印象は覆（くつがえ）らなかったのだ」

ありそうな話だ。人は無意識のうちに素晴らしい判断を下す能力を持っている。しかし無意識の判断のすべてが正しいという保証はない。体内コンピュータがいつでも正しい判断を下すとは限らないのだ。ときとして、直感的なひらめき「第1感」を曇らせる何かが存在する。早く目玉商品が欲しいとか、初恋の相手だとかいう類の事情である。そうだとすれば、第1感を信じていい場合と信じてはいけない場合を区別することは可能なのか。この疑問に答えるのが、本書の第二の目的だ。

どんなときに第1感は曇るのか、どんなときに体内コンピュータは狂うのか。その答えは、のちに明らかにされる。

もうひとつ、私が本書で伝えたいのは「第1感は養うことができ、自由に操れるものだ」というメッセージだ。信じがたいかもしれないが、ゲッティのクーロス像をひと目見た美術の専門家たちは、それぞれに強烈かつ複雑な拒否反応を示していた。しかもそれは、彼らの無意識の奥から湧いてきたものだ。たぶんそれは、私たち素人の無意識が下す判断とは別物だ。では、彼らはどうやって無意識をきたえたのか。本書では医者や将軍、コーチや家具デザイナー、ミュージシャンや俳優、車のセールスマンなど、さまざまな人の例を紹介する。いずれも立派な仕事をしてきた人たちで、多かれ少なかれ自分の無意識をきたえ、たくみに操り、ものにしてきた。最初の2秒で判断する能力は、ごく一部の幸運な人たちだけが持つ魔法の力ではない。誰にもあり、誰でもきたえられる。

きっと世界が変わる

大上段にかまえて、世界を揺るがす大問題に取り組んだ本はたくさんある。本書はその類ではない。本書が扱うのは日常生活の、ほんのささいな出来事だ。初対面の人に会うとか面倒な問題にぶつかるとか、とっさの決断を迫られるとか、そういうとき自分でも知らぬ間に下している判断や決断の正体を見きわめること。それが本書の目指すところだ。

自分自身を、あるいは私たちの世界を理解しようとするとき、人はテーマの壮大さに心を奪われて、日々のはかない暮らしにひそむ知恵を見落としているのではないか。この際、ちょっと立ち止まって第1感というものを本気で考え直してみよう。双眼鏡で地平線を見渡すのはやめて、顕微鏡で自分の行動や意思決定のしかたを観察しよう。そうすれば戦争のしかたも店頭の商品の並べ方も、警官の訓練法も夫婦カウンセリングのあり方も、就職面接のしかたも変わってくるのではないか。ささやかな変化かもしれない。しかし、そうした小さな変化がいくつも重なれば、きっと世界は変わる。きっと今までよりもすてきな世界になる。

綿密で時間のかかる理性的な分析と同じくらいに、瞬間のひらめきには大きな意味がある。このことを認めてこそ、私たちは自分自身を、そして自分の行動をよりよく理解できる。私はそう思うし、本書を読み終える頃には誰もがそう思うようになると信じている。クーロス像の正体が明らかになったとき、ゲッティ美術館の学芸員マリオン・トルーは言ったものだ。

「私はずっと、審美的な判断よりも科学的な議論のほうがずっと客観的だと信じてきた。でも、そうじゃなかった」

第1章

「輪切り」の力

ちょっとの情報で本質をつかむ

夫婦げんかの15分ビデオ

ある日のこと、一組の若いカップルがワシントン大学にあるジョン・ゴットマン先生の心理学研究所を訪れた。ともに二〇代で、ともにブロンドの髪に青い目。カジュアルなヘアスタイルと格好いい眼鏡も一緒だ。会って話せば誰だって「いいカップルだよ」と言いたくなるタイプ、頭が切れて愛想がよく、皮肉も言えば笑わせてもくれるタイプだ。ゴットマン先生が撮ったビデオを見て、私もそう思った。夫のビルは人なつっこく、妻のスーザンは鋭い突っ込みタイプだ。

二人は二階にある小さな部屋へ通された。ひな壇に上がり、二人は一五〇センチほど離して置かれた椅子に腰掛けて向かい合った。指先と耳たぶには電極とセンサーを取りつけ、二人の心拍と発汗、体温の変化を測定する。それぞれの椅子の下には振動探知機が埋め込まれていて、いつどれくらい動いたかを記録する。さらに二台のビデオカメラが、二人の様子と発言の中身をすべて記録すべく設置されている。部屋には二人っきり。「さあ、夫婦げんかのタネになった問題について自由に話し合ってください、制限時間は15分です」そう指示があって、ビデオが回り出した。けんかの原因は犬だ。狭いアパートに、やたら大きな犬が来たのが問題の発端。ビルは犬嫌いで、スーザンは犬好きだ。さあどうしたものか。

話し合う二人のビデオを見せてもらったが、少なくとも第一印象としては「よくある夫婦の会話」という感じだった。どちらも怒ってはいない。殺気立つでも沈黙するでもなく、およそ波風なし。口火を切ったのはビル、「ぼくは犬は好きじゃないんだ」と、実に落ち着いたトーンで言う。

少しは不満をもらしたが、あくまでも犬についての不満で、妻スーザンへの不満ではない。妻も少しは愚痴（ぐち）ったが、ときにはけんかしていることを忘れたようなやりとりもあった。たとえば犬の匂（にお）いの話になったときだ。二人とも楽しそうに身体を揺すって、唇には笑みさえ浮かべていた。

スーザン：かわいい！　ちっとも臭（くさ）くないわ。
ビル：匂いをかいだのかい？
スーザン：ええ、いい匂いだった。抱きしめて、なでてやったけど、私の手、臭くないでしょ。べとべともしてない。あなたの手も臭くなったことないでしょ。
ビル：おっしゃる通り。
スーザン：私、あの子が匂わないようにしてるの。
ビル：おっしゃる通り。あの子？　犬だけど。
スーザン：私の犬、匂ったことは一度もない。あなたも気をつけてね。
ビル：いや、君が気をつけてくれなきゃ。
スーザン：違う、あなたが気をつけなきゃ……。私の犬を臭いなんて言わないでね。

夫婦の15年後を予測する

さて、この15分のビデオから二人の結婚生活についてどれだけのことがわかるだろうか。二人の関係が良好か危ないかを判断できるだろうか。たいていの人は、犬の話だけじゃ無理だと思う。それに、時間も短すぎる。結婚生活にはもっと大事なことがたくさんある。お金のこと、性生活、子育て、仕事、姑との関係。いろんなことが複雑に絡んでいる。すごい仲良し夫婦に見える日もあれば、お互いキレる寸前に見える日もある。今にも殴り合いをしそうなムードだった二人が、翌日になって旅行に出かけると、すっかり新婚気分で帰ってきたりもする。夫婦仲を知ろうと思ったら何か月もかけて、いろんな局面を観察しなければいけない。あんな暢気な会話だけじゃダメ。いやしくも結婚生活の行く末という重大な問題を予測するには大量のデータを、それもできるだけ多様な場面から拾ってくる必要がある。私たちはふつう、そう思う。

だがジョン・ゴットマンは違う。そんな必要はないことを証明してしまった。一九八〇年代から始めて、ゴットマンは三〇〇〇組以上の夫婦を大学の近くに設けた「愛情ラボ」に招き、その会話の様子をビデオに収め、自ら考案した「感情分類（ＳＰＡＦＦ＝specific affect）」に基づいて分析した。夫婦の会話中に現れそうな感情を20種類に分け、それぞれに番号を振ったものだ。嫌悪感は1、軽蔑は2、怒りは7、防御は10、愚痴は11、悲しみは12、拒絶は13、ニュートラル（無感情）は14といった具合だ。スタッフには被験者の表情から微妙なニュアンスを読み取る方法を教え、ありきたりの会話に潜む意味を的確に解釈するテクニックを伝授した。そして夫婦それぞれのビデオを再生しながら、1秒ごとにＳＰＡＦＦコードを割り振らせる。すると15分（９００秒）一本勝負の夫婦げんかが１８００の数列に変換される。「7、7、14、10、11、11」なら、その6秒間に夫

（あるいは妻）がちょっと怒り、気を鎮め（ニュートラルになり）、一瞬防衛的になったかと思うと愚痴っぽくなったことを意味する。身につけてもらった電極とセンサーからは、いつ心拍数が上がり、いつ汗をかいたか、いつ尻をもぞもぞ動かしたかなどのデータが抽出される。それを、複雑な方程式で１８００の数列と合体する。

気の遠くなるような作業だが、結果は出た。夫婦の会話1時間分を解析すれば、ゴットマンはなんと九五％の確率で、その夫婦の15年後を予測できたのである。わずか15分のビデオでも、確率は九〇％前後。共同研究者のシビル・カレール教授（同じビデオを使って別な研究に取り組んでいる）によれば、「たった3分」のビデオだけでもかなりの精度で夫婦の未来を言い当てられたという。結婚の真実は、私たちが思っていたよりずっと短時間で理解できるものらしい。

ジョン・ゴットマンは中年男で、フクロウのように円い大きな目の持ち主。銀髪で、あごひげはきっちり刈り込んである。小柄だが表情豊かで、話に乗ってくると円い目がますます大きくなる。ベトナム戦争のときは「良心的兵役拒否」の道を選んだ。ユダヤ教徒だが、六〇年代のヒッピー暮らしの名残りなのか、今でも縁なしの毛沢東キャップをかぶっていたりする。専門は心理学だがマサチューセッツ工科大学で数学を学んでおり、数学的な明晰さをこよなく愛しているようだ。取材に訪れたときは五〇〇ページに及ぶ渾身の力作『離婚の数学』（未邦訳）を上梓したばかりで、なんとか私に自分の主張をわからせようと紙ナプキンに複雑な数式やグラフを書きなぐった（おかげでこちらは頭がくらくらした）。

ゴットマンの手法は、一見したところ、無意識の領域から不意に浮かんでくる発想や決断を扱う本書にふさわしくない。その研究手法に本能の出番はない。ひらめき、第1感とは無縁、コンピュータの前に陣取って、忍耐強くビデオテープを秒単位で解析していくのが彼の仕事だ。すぐれて意識的かつ計画的な思考の典型と言っていい。

だが、そこには意外な秘密が隠されていた。状況を輪切りにして瞬時に認識する能力について、多くを教えてくれるのである。「輪切り」は、さまざまな状況や行動のパターンを、ごく断片的な観察から読み取って瞬間的かつ無意識のうちに認識する能力のこと。あのイブリン・ハリソンがゲッティ美術館のクーロス像を一目見て「お気の毒に」と言えたのも、一瞬の出会いを「輪切り」にできたからだ。たった一〇枚めくっただけで赤いカードの山に拒否反応を示し始めたアイオワの被験者たちもそうだ。

輪切りの能力は、素晴らしき無意識の世界の一部にすぎない。だが瞬間的な認知に関する最もやっかいな問題でもある。難しい判断をするのに必要な情報を、なぜそんな短時間で集められるのか。どうやら私たちは、状況を輪切りするにあたって、ビデオテープや方程式を相手にゴットマンが延々と行ってきた計算を自動的に、しかも早回しで無意識に行っているらしい。だから一度会っただけで結婚生活の真実を理解できる。もっと複雑な問題についても同様に計算できる。どんな計算なのか。ゴットマンが教えてくれる。

結婚とモールス信号

ゴットマンの研究所でSPAFFコードについて学んだ大学院生アンバー・タバレスと一緒に、私はビルとスーザンのビデオを見た。場所は実験に使ったのと同じ部屋。先に口を開いたのはビルだ。「前に飼ってた犬は嫌いじゃなかったよ。今度の犬が嫌いなだけなんだ」。怒ってはいないし、敵意も感じられない。ただ思ったことを口にしているだけのようだ。

だがよく聞くと、ビルが必要以上に自己防衛しているのがわかる、とタバレスは言う。SPAFFコードで言えば、ビルは愚痴を言い返し、相手の意見にいったん同意しておいて、すかさず前言を撤回している。「それはそうだけど」と遠回しに反論する手法だ。結局、ビルは最初の66秒のうち40秒も自己防衛していた。一方スーザンはビルが話している最中に相手を軽蔑するように何度も目をむいてみせた。ビルは次に犬小屋の文句を言う。それを聞いてスーザンは一瞬目を閉じたあと、相手を諭すような口調になった。それでもビルは居間に檻を置くのはいやだと言い張った。するとスーザンは「その話はやめて」と言って、またも相手を軽蔑するように目をむいた。「ほら、また軽蔑の表情。まだ始まってもないのにビルは防衛的な態度ばかり。スーザンは何度も目をむいている」とタバレスは言った。

その後も二人があからさまな敵意を見せることはなかった。たまに微妙な感情がちらりと現れると、タバレスはすかさずそれを指摘した。けんかをするときは派手にやる夫婦もいるが、この二人の場合はわかりにくい。ビルは犬のせいで外出しにくくなったと愚痴る。犬が大事な部屋を台なしにするんじゃないかと心配で、外でゆっくりできないと言うのだ。スーザンはそれは違うと反論する。「あの子が悪さするとしたら、私たちが出かけてすぐに始めるはずよ」。ビルは妻に同意するかのようにちょっとうなずいてから答えた。「もちろんそうさ。理屈じゃなくて、僕はただ犬を飼うのがいやなんだ」

ここでタバレスはビデオ画面を指差す。「ビルは最初に『もちろんそうさ』と言ってるけど、これは『それはそうだけど』という意味なの。スーザンの言うことを認めるようなそぶりを見せておいて、すぐに犬はいやだと言っている。本当は自己防衛しているの。最初は彼はなんていい人なんだろう、相手の言うことに同意してばかりいると思ったわ。でもあとになって、実は遠回しに反論してるんだとわかったの。うっかりしてるとごまかされてしまうけど」

ビルはさらに続けた。「僕は努力しているんだよ。それは認めてくれなくちゃ。前よりもずいぶん慣れてきたんだ」

タバレスがまた口を挟む。「新婚の夫婦ばかり観察した研究で、その後離婚してしまった夫婦の場合、一方が努力を認めてほしいと言っても、相手が聞かないことが多いとわかったの。でも、うまく行っている夫婦は『あなたの言う通り』と答える場面が目立って多かった。相手の言うことを認めるにはうなずいて『ええ』とか『そうね』と言えばいいのに、スーザンはそれさえしていない。コードを割り振るまでは私たちも気づかなかったわ」

「不思議だけど、ひと目見ただけでは二人の仲がうまく行っていないとはわからない。あとで二人にビデオを見せたら、自分たちのことを面白がっていたわ。一見、特に問題なさそうに見える。でもどうかしら。二人は結婚してまもないし、幸せなはずなのに、スーザンは意地を張ってばかり。ここでの話題は犬だけど、実際には二人がもめたときにスーザンがいかに意地っ張りになるかがわかる。長い間には夫婦の関係にひびが入るかもしれないわ。七年もつか怪しいわね。それを補うだけの好意的な感情があればいいんだけど、好意的に見える態度も実はそうじゃないのよ」

タバレスは夫婦のどこに目をつけたのだろうか？　技術的には、好意的な感情と敵対的な感情の数を数えたのだ。というのは、ゴットマンによれば、結婚が長持ちするには、ある会話の中の好意的な感情と敵対的な感情の比率が少なくとも五対一でなければならないからだ。だがもっと単純なレベルでは、タバレスはこの短い会話の中に、ビルとスーザンの夫婦のパターンを見つけようとしたのだ。すべての夫婦には特徴的なパターン、すなわち夫婦のＤＮＡのようなものがあるということをゴットマンは強く主張している。このパターンは意味のある会話ならどんな場面にも現れる。そこでゴットマンは夫婦に二人が初めて出会ったときの話をさせる。二人にとって大切なエピソードを話し始めると、そのパターンがたちどころに現れるからだ。

「簡単だ」とゴットマンは言う。「このビデオで女性はこんなふうに話している。『私たちが出会ったのは週末にスキーをしに行ったとき。夫は友達を大勢連れてきてたわ。彼のことが気に入って、あとで二人きりで会う約束をしたの。でも彼ったら飲みすぎて、家に帰って寝ちゃったらしくて、おかげで三時間も待たされたわ。電話で彼を起こして言ってやったの。こんなふうに待たされるのは好きじゃない、ひどい人ねって。そしたら彼、ああその通り、でも本当に飲みすぎたんだから仕方ないじゃないって言うの』。最初のやりとりからして波乱のパターンが見える。残念ながらこのパターンは二人が結婚している間中続いた。「それほど難しくはない。夫婦に話を聞き始めたばかりの頃は、今日はこの夫婦は機嫌が悪いのかもしれないと思うこともあった。でも、予測が当たる確率はあまりに高かった。インタビューをやり直してもまた同じパターンが現れるんだ」

　ゴットマンが何を言おうとしているのか理解するために、モールス信号の「筆跡」の話に喩えてみよう。モールス信号には短点（・）と長点（—）があり、それぞれの信号の長さは決まっている。だがその長さを正確に再現するのは無理だ。特に旧式の手動の送信機で信号を送る場合、人によって間のとり方や短点と長点の伸ばし方、全体のリズムが違ってくる。話すときの人の声が違うのと同じだ。

　第二次世界大戦中、イギリス軍は大勢の人を集めて信号傍受の仕事に当たらせた。ほとんどが女性だった。ドイツ軍の師団の無線通信に日夜波長を合わせるのが彼女たちの仕事だった。ドイツ軍はもちろん暗号を使っていたから、少なくとも最初は内容を解読できなかった。だが、それはどうでもよかった。やがて送信のリズムだけでドイツ人通信士の「筆跡」を聞き分けられるようになり、それによって重要なことがわかってきたのだ。すなわち、「誰が」送信しているかである。「ある程度同じコールサインを聞き続けると、その部隊では三人の通信士が交代で働いていて、それぞれどんな特徴があるかということがわかってくるものだ」と言うのはイギリス軍の歴史を研究しているナイジェル・ウェストだ。「また用件とは別に、必ず前置きや許可されていないやりとりがある。『こんにちは』『彼女は元気かい？』『ミュンヘンの天気はどうだね？』といった具合だ。そのような情報をすべて紙に書き留めていくと、やがて通信士と相手との関係もわかってくる」

女性たちは傍受した通信士の筆跡や文体について説明し、相手に名前をつけ、それぞれの性格の特徴を詳しくまとめた。メッセージを送信している人物を特定すると、次に信号を送信している場所を割り出した。するとさらに別の情報、すなわち、誰が「どこに」いるということがわかってくる。

「ドイツ人通信士の信号の特徴を詳しく把握していたので、彼らがどこに行こうと、事実上ヨーロッパ中追いかけることができたのだ。戦場でどの部隊が何をしていて、どこにいるかを知るうえできわめて貴重な情報だった。ある通信士がある部隊に所属していて、フィレンツェから信号を送っていた。その三週間後に同じ通信士の信号を傍受したところ、今度は場所がリンツに移っていたとする。すると、その部隊は北イタリアから東部戦線に移ったということになる。あるいは戦車の修理部隊に所属している通信士が毎日正午に無線を打っていた。ところが大規模な戦闘のあとで、正午、午後四時、午後七時に通信するようになったとする。ということはその部隊の動きが慌ただしくなったと考えられる。また危機的な状況に際して、上官に『このドイツ空軍の飛行中隊がイタリアではなくトブルク近郊にいるというのは確かか？』と聞かれたときに、『はい、あれは確かにオスカーでした。間違いありません』と答えることができたのだ」

筆跡で大事なのはつい出てしまうということだ。通信士はわざと人との違いを出そうとするわけではない。送信機のキーを叩くときに知らないうちに性格が出てしまい、結果的に違って聞こえるだけだ。筆跡についてはこのほか、どんな短い信号にでも現れるという特徴がある。数文字分の音を聞くだけで、打電した人のパターンがわかる。時間が経っても変化したり消えたりするものではないし、特定の単語やフレーズだけに現れるものでもない。だからこそ任務に当たったイギリス人は信号をいくつか聞いただけで、確信を持って「これはオスカーです。ということは、彼の部隊は今、間違いなくトブルク近郊にいます」と答えることができた。通信士の筆跡はそれほど変化の少ないものなのだ。

ゴットマンが言おうとしているのは、二人の人間の関係にも「筆跡」、すなわちつい出てしまうその夫婦だけのサインのようなものがあるということだ。だから夫婦関係を簡単に見抜き、読み取ることができる。モールス信号を打つという単純な作業であろうと、結婚生活という複雑な活動であろうと、人間の活動の基本的な部分には、他人と区別できる安定したパターンが存在する。離婚を予測する作業は、通信士を追跡するのと同じく、パターン認識の問題なのだ。

「二人の人間の関係というものは二つのうちどちらかに分類できる」とゴットマンは言う。「ひとつは好意的な感情が優った関係で、好意的な感情が怒りの感情より強く、それが緩衝材のように作用する。夫が不愉快なことをしても、妻は『夫はちょっと機嫌が悪かっただけなの』と言う。もうひとつは敵対的な感情が優った関係で、配偶者の特に悪気のない言葉にさえ悪意を感じてしまう。

敵対的な感情が優った状態では、相手について永遠に同じ結論を出し続ける。配偶者が何か好意的なことをしても、そんなことをするなんて身勝手だということになる。このような状況はそう簡単に変わるものではなく、いずれの状態にあるかで、一方が事態を修復しようとしたときに、相手がそれを修復のための行動と取るか、悪意のある嫌がらせと取るかが分かれる。たとえば、妻に話しかけたときに『ちょっと黙っててくれない？　この仕事終わらせたいの』と言われたとする。好意的な感情が優っていれば、『ごめん。どうぞ続けて』と言える。いい気分ではないが、妻に悪意がないことはわかる。だが、敵対的な感情が優っていれば、『勝手にしろ。こっちだって仕事が終わらないんだぞ。まったくいまいましいやつだ。おまえの母親にそっくりだよ』と答えるだろう」

ゴットマンは説明しながら紙にグラフを描いた。株価のチャートのようにも見える。グラフは夫婦の好意的な感情と敵対的な感情の変化を表していて、線が上がっていくか下がっていくかを見きわめるのにたいして時間はかからないと彼は説明する。「線が上がっていく夫婦もあれば、下がっていく夫婦もある。ただ、敵対的な感情のほうに下がり始めたら、九四％は下降し続ける。悪いほうに進み始めたら修正がきかなくなるんだ。これはただ時間を輪切りにしたグラフではない。ここには、夫婦が自分たちの関係をどう見ているかが現れている」

離婚する夫婦のサイン

ゴットマンの予測が当たる理由をもう少し深く探ってみよう。彼は結婚生活にはその夫婦だけのサインがあることを発見した。サインは夫婦の会話から感情面の細かい情報を集めることで見つけることができる。だが、ゴットマンのやり方にはこれとは別にとても興味深い点がある。未来を予測するという作業を彼なりに単純化しているのだ。

私は自分で夫婦の関係を「輪切り」にしてみるまで、この問題にはほとんど気づかなかった。私が借りたビデオには一〇組の夫婦の会話を3分ずつ録画した映像が入っていた。会話を録画した15年後には夫婦の半分が離婚していたと聞かされた。もう半分は今も結婚生活を続けている。どの夫婦がどうなったのか？　私には見分けられる自信があった。だが結果は散々だった。五組の夫婦については当たっていたが、正解率五割ではまぐれ当たりの域を出ない。

まずビデオの内容に圧倒された。夫が自己防衛するようなことを言うと、妻は静かに答える。束（つか）の間（ま）の感情が彼女の顔をさっとかすめる。夫は何か言いかけて口をつぐみ、妻はいやな顔をする。すると夫は声を立てて笑う。妻が何かつぶやくと、夫が眉をしかめる。テープを巻き戻して、もう一度見直す。すると情報はさらに増える。かすかにほほ笑んだり、口調が微妙に変わったりしたのがわかる。情報量は私の手に余った。頭の中で私は必死になって、好意的な感情と敵対的な感情の比率を割り出そうとあがいた。だが、いったいどれが好意的でどれが敵対的な感情なのか。一見好意的に見えてもそうでない場合が多いことは、スーザンとビルのビデオで学んでいた。ＳＰＡＦＦコードが感情を20種類に分けていることも教わっていた。20種類もの感情を同時に追いかけてみたことがあるだろうか。

私は結婚カウンセラーじゃない。そして、二〇〇人近い人が同じテープを見ても、私と似たような結果しか出せなかった。その二〇〇人とは結婚が専門のセラピストや研究者、宗教関係のカウンセラー、臨床心理学を学ぶ大学院生、新婚夫婦、離婚経験者、長く幸せな結婚生活を送っている人など、結婚に関しては私よりずっとよく知っているはずの人々だ。全体の正解率は五三・八％で、偶然の確率を少し上回ったにすぎない。パターンがあるのは確かだが、わずか3分間で、あまりに多くのことが猛スピードで起きるからパターンを見つけている暇がない。

だがゴットマンは多くのことに振り回されたりしない。彼は夫婦の関係を輪切りにする要領を覚えてしまった。そして、レストランで離れた席に座った夫婦の会話を盗み聞きしただけで、子どもの養育権についてそろそろ弁護士に相談したほうがよさそうだといったことがわかると言う。

でもどうやって？

なにもすべての会話に神経を集中させる必要はない。私は敵対的な感情を数えるうちに参ってしまった。敵対的な感情ばかり目についたからだ。ゴットマンは注目すべき感情をもっと絞り込んだ。四つの感情に注目しさえすれば、必要な情報はだいたい見つかることを発見したのだ。その四つの感情とは防衛、はぐらかし、批判、軽蔑である。中でも軽蔑の感情が最も重要だと彼は考える。夫婦のどちらか一方でも相手を軽蔑するそぶりを見せたら、それは二人がうまく行っていないことを示す強力なサインだ。

「批判がいちばんよくないと思うかもしれない。批判は相手の人格を激しく非難する行為だ。軽蔑は批判とは性質が違う。たとえば私が妻を批判するとこうなる。『君は人の話をちっとも聞こうとしない。自分勝手で無神経だ』。すると妻は防衛的な反応を返してくるだろう。問題を解決する方法としては感心しないが、相手を見下したような話し方をするほうがよっぽど関係はこじれる。相手を見下す言葉はすべて軽蔑だ。軽蔑は『いやな女だ』とか『ろくでなし』といった、相手をけなす言葉に現れることが多い。相手を自分より下に置いて、上下関係を作ろうとするのだ」

夫婦のどちらかに相手を軽蔑する気持ちがあるかどうかで、相手が風邪を引きやすいかどうかということまでわかるとゴットマンは言う。愛する妻や夫に軽蔑されることがストレスとなって、免疫の働きまで鈍るのだ。「軽蔑は嫌悪に似ている。嫌悪も軽蔑も人を完全に拒絶し、社会から追い出そうとすることだ。敵対的な感情には男女で違いがある。女性はより批判的で、男性は問題をはぐらかそうとする傾向がある。妻が何かの問題について話し始めると、夫はいらいらして顔をそむける。すると妻はさらに厳しく相手を批判して、堂々めぐりになる。だが軽蔑にはまったく男女差がない」。軽蔑は特別な感情だ。この感情さえ測定できれば、夫婦の関係についてすべて知る必要はない。

私たちの無意識はこんなふうに働いているのだと思う。一気に結論を出すとき、あるいは何かを「直感的」に感じ取るとき、無意識はジョン・ゴットマンと同じことをしている。すなわち目の前の状況をふるい分け、どうでもいい要素は捨てて、これはという要素に神経を集中させる。実際、無意識はこれが得意で、「輪切り」による結論のほうがじっくり考え抜いた結論よりも優れていることは少なくない。

学生寮の秘密

あなたの会社で私を雇うかどうか検討しているとしよう。履歴書を見たところ必要な資格は揃っているようだ。だが私があなたの会社にふさわしい人物かどうかはわからない。よく働くだろうか？　嘘をつかないだろうか？　新しいアイデアを進んで受け入れるだろうか？　私の性格についてこれらの答えを出す方法として、上司が二つの案を示したとしよう。ひとつは一年間週に二度ずつ私と会い、一緒に食事をしたり映画を見たりして私と親しくなる方法。もうひとつは私が留守のときに私の家を訪ね、30分ほど部屋を見て回る方法。さて、あなたならどちらを選ぶ？

たぶん最初の方法を選ぶだろう。厚い輪切りだ。私と過ごす時間が長ければ長いほど情報をたくさん集めることができ、より正しい結論が出る。そうじゃないか？　だがここまで読んできた読者なら少しはこの方法を疑ってほしい。心理学者サミュエル・ゴスリングが示しているように、人の性格を判断するという作業は、輪切りがいかに効果的かを示すのに好都合だ。

ゴスリングは実験でまず大学生八〇人の性格を詳しく調べた。そのために「人物調査のための五項目」を使った。これは以下の五つの特徴について人を測定する、実績ある方法だ。

(1)　外向性：あなたは社交的ですか、引っ込み思案ですか？　楽しいことが好きですか、それとも遠慮がちですか？

(2) 協調性：人を信用するタイプですか、疑うタイプですか？　人を助けるのが好きですか、嫌いですか？

(3) まじめさ：仕事をてきぱきとこなせますか、それともだらしないですか？　自分に厳しいですか、それとも意志が弱いですか？

(4) 感情の起伏：くよくよしやすいですか、いつも落ち着いていられますか？　自信はあるほうですか、ないほうですか？

(5) 好奇心：想像力が豊かですか、それとも現実的ですか？　自主性がありますか、それとも人に順応しやすいですか？

次にゴスリングは八〇人の学生の親しい友人に、同じ質問に答えさせた。五つの項目を評価させて、どのくらい当たるか知ろうとしたのだ。驚くまでもなく、友人の評価はまあまあ当たっていた。彼らは長いつきあいを通じて得た情報をもとに、学生がどんな人物かを判断したのだ。次にゴスリングは、親しい友人ではなく、学生に一度も会ったことのない赤の他人に性格を当てさせた。判断材料は学生の寮の部屋だけ。彼らに紙と鉛筆を渡し、15分間部屋を観察させて、部屋の住人についてのごく基本的な質問に答えさせた。すなわち、話し好きか？　人のアラ探しが好きなタイプか？　仕事を最後まできっちりやり遂げるタイプか？　独創性はあるか？

内気か? 人を助けるのが好きで、人を思いやる気持ちがあるか? といった質問に五段階で答えるように指示した。

「日常の印象について調べたかったので、被験者には細かい注文をつけないように十分注意した。質問表を渡して『部屋をよく観察するように』と言っただけだ。彼らの直感的な判断のプロセスを見たかったからだ」とゴスリングは言う。

結果はどうだったか? 外向性については寮の部屋を見ただけの者より友人のほうが正しく判断できた。人がいかに元気でおしゃべりで社交的かは、実際に会ってみないとわからない。協調性についての判断も友人のほうがやや当たっていた。これも納得がいく。だが、五項目のうち残る三つの性格については赤の他人のほうが正しく判断した。まじめさの評価は彼らのほうが当たっていたし、感情の起伏と好奇心については彼らのほうがはるかに正答率が高かった。総合的に見ると、他人のほうがかなりよい結果を出したことになる。この実験から、一面識もない人物のことを15分間部屋を観察しただけで、長年の知りあいよりも理解できるものだということがわかる。ならば「相手をよく知る」ために会合や昼食を重ねても無駄だ。私を雇っても大丈夫かどうか知りたければ、私の家を訪ねてきて、部屋を見ればいい。

たいていの人はゴスリングの実験結果をすごいと思うだろう。だが、ジョン・ゴットマンの話を聞いてしまえば、それほど驚くことではない。この実験も「輪切り」の一例にすぎないのだ。観察の対象となった学生の個人的な持ち物には多くを物語る情報が詰まっていた。たとえば寝室にはその人の性格を知る三つの鍵が見つかるとゴスリングは言う。まず「個性の主張」、すなわち周囲からどのように見られたいかを意図的に表したもの。額に飾ったハーバード大学の卒業証書などがそれだ。次に「行動の痕跡」、うっかり残してしまう手掛かりのことだ。床に脱ぎ捨てられた衣服やアルファベット順に並べたCDなどのことをさす。最後に思考や感情を制御するものがある。特にプライベートな空間に変化をもたらして、部屋にいるときに気分よく過ごせるようにするためのもの、たとえば部屋の隅においたアロマキャンドル、ベッドの上にきれいに並べたおしゃれな枕などだ。CDがアルファベット順に並んでいて、壁にハーバードの卒業証書が飾ってあり、サイドテーブルにはお香、脱いだ服が蓋付のカゴにきちんと入れてあれば、その人の性格の一部がわかってくる。そのような情報は本人に直接会って、しばらく一緒に時間を過ごしただけではわからないかもしれない。つきあい始めたばかりの彼や彼女の本棚をじろじろ見たり、薬棚をのぞいたことのある人なら納得がいくだろう。よそ行きの顔しか見せない人と何時間も過ごすより、プライベートな空間をかいま見ただけのほうが、たくさんのことがわかる場合もあるのだ。

だが人の持ち物を調べるときは、知らない情報があることも重要だ。相手に会わない以上、複雑な情報やあまり関係のない情報は頭を混乱させ、判断を邪魔するだけだ。巨漢のフットボール選手が鋭い知性の持ち主だと聞いても、なかなか信じられない。運動選手は鈍いという思い込みを捨てられないからだ。だが壁に掛けた絵や本棚の情報しかなければ、そのような思い込みに惑わされない。

自己評価も当てにならない。理由は簡単、たいていの人は自分を客観視できないからだ。だから性格を診断するときも、自分をどんな人間だと思うか、なんて単刀直入に聞いたりしない。たとえば「人物調査のための五項目」のような考え抜かれた質問票を使い、その人のことがわかるような反応を引き出そうとする。ゴットマンも、夫婦に結婚生活の様子をずけずけと聞いたりしない。そんなことをしても嘘を言うかもしれないし、まごつくかもしれないし、またここが肝心なのだが、本人たちが真実に気づいていないかもしれない。泥沼にはまっていたり、幸せにどっぷり漬かっていて、自分たちの関係が見えなくなっている可能性もある。

「夫婦は自分たちの会話が他人にどう聞こえるかに気づかないものだ」と言うのはシビル・カレール教授だ。「夫婦の会話を録画したら、あとで本人たちにも見せる。最近行った研究や実験で何かわかったことがあるかと夫婦に尋ねてみた。するとかなりの夫婦が口げんかしているときの自分たちの表情を見たり、やりとりを聞いて驚いたと答えた。かなり感情的になっていたある女性は、自分があれほどむきになるとは思わなかったと言った。自分はいつも冷静で、感情が表に出るタイプではないと思っていたのだ。そういう人は少なくない。彼らはみんな自分は実際よりも協調性がある、あるいは頑固だと思っている。ビデオを見て初めて、思い違いに気づくのだ」

夫婦が自分たちのやりとりの実態に気づいていないとしたら、率直な質問をしてもあまり意味がない。だからゴットマンは夫婦に、二人の結婚生活について直接尋ねるのではなく、結婚生活にかかわりのあることを話してもらう。たとえばペットについて。そして夫婦の会話の中に現れる間接的な感情の物差しに注目する。どちらかの顔をさっとかすめた、物言いたげな感情のゆらぎ、手のひらの汗腺に現れたわずかなストレスの徴候、突然の心拍数の増加、微妙な口調の変化などである。そのようにして遠回しに問題の核心に迫る。そのほうが真正面から取り組むよりもずっと手っ取り早いし、要領よく真相に近づけることを突き止めたからだ。

寮の部屋を観察した人たちは、素人なりにジョン・ゴットマンと同じ分析をしたにすぎない。すなわち学生の「筆跡」を探したのだ。15分間じっくり部屋を観察し、その人物について短時間で判断した。大学の寮の部屋という間接的な証拠を使って、遠回しに問題に取り組んだ。彼らの判断のプロセスはシンプルで、直接会ったときに入ってくる、混乱を招くような無関係の情報に邪魔されることもなかった。彼らは状況を「輪切り」にした。そうしてゴットマンと同じように見事に相手の性格を言い当てたのだ。

訴えられる医者と訴えられない医者

輪切りの概念についてもう少し詳しく見てみよう。仮に、あなたが勤める保険会社が医者に医療過誤保険を売っているとする。訴えられる可能性が高いのはどういう医者か調べるように上司に命じられた。この場合も方法は二つ。まず、医者が受けた教育と実績を調べ、過去数年間に犯したミスの記録を分析する方法、もうひとつは医者と患者の短い会話を聞く方法である。

ここまで読んだ人なら、二つめの方法がいいに違いないと考えるはずだ。そのとおり。でもなぜ？ 実を言うと、医者が医療事故で訴えられるかどうかは、ミスを犯す回数とはほとんど関係ない。訴訟を分析したところ、腕のいい医者が何度も訴えられたり、たびたびミスしても訴えられない医者がいることがわかった。一方で、医者にミスがあっても訴えない人がかなりの数に上ることもわかった。要するに、患者はいい加減な治療で被害を受けただけでは医者を訴えない。訴訟を起こすのにはほかに「わけ」がある。

その「わけ」とは何か。それは、医者から個人的にどんな扱いを受けたかである。医療事故の訴訟にたびたび見られるのは、医者にせかされたとか、無視されたとか、まともに扱ってもらえなかったという訴えだ。「患者は好きな医者を訴えたりしないものなの」と医療事故訴訟が専門の弁護士アリス・バーキンは言う。「この仕事を始めてから、『あの先生のことは好きだから先生に悪いとは思うが、訴えたい』というようなケースは一度もなかったわ。その一方で、不手際があったのは患者を最初に診たかかりつけの医師なのに、問題があったとは思えない専門医を訴えたいという人は何人もいたの。『いつも世話になっている先生のことはいいの。あの先生は好きだから訴えたりしない』と言うのよ」

バーキンのクライアントに乳房に腫瘍のある患者がいた。腫瘍は転移してから見つかり、その人は腫瘍を早期に発見できなかった内科医を訴えたいと言う。だが、不手際があったと見られるのは実は放射線医だった。それでもクライアントは主張を変えなかった。「初めて相談に来たとき、彼女はその内科医が嫌いだと言うの。ゆっくり話をしてくれないし、ほかに悪いところがないか一度も聞かなかったからだって。『あの医者は私を人間扱いしてくれなかった』と言うわけ。患者の検査結果が悪ければ、どうしてそうなったのか医者は詳しく説明して、患者の質問に答えなければいけない。そうしないと患者は人間扱いしてもらえなかったと感じるのね。そういう医者が訴えられるのよ」。だとしたら、訴えられる可能性を知るのに手術がうまいか下手かを調べても意味がない。医者と患者の関係さえわかればよいのだ。

医療について研究しているウェンディ・レビンソンは医者と患者の会話を何百件も録音した。ほぼ半数の医者は訴えられたことがない。あとの半数は二度以上訴えられている。レビンソンは彼らの会話だけを頼りに、二つのグループの医者に明らかな違いがあることを見つけた。

訴えられたことのない外科医は、訴えられたことのある外科医よりも、一人の患者につきあう時間が3分以上長かったのだ（前者が18・3分に対して後者は15分）。

最初のグループは診察の時間配分を明確に示す傾向がある。たとえば、「まず診察します。次に悪いところがあればそれについてお話しします」あるいは「わからないことがあればあとで聞いてください」というふうに。そうすれば患者はその診察で何をするのか、いつ質問すればよいかがわかる。そのほうが患者は「もっと聞かせてください」と言って進んで聞き手にまわり、患者が笑ったり面白いことを言う場面も増える。興味深いことに、医者が患者に伝える情報の量や質には違いがなかった。どちらかが薬や患者の病状についてより詳しく話すということはなかったのだ。違ったのはもっぱら患者への接し方である。

この分析をさらに進めた実験もある。心理学者のナリニ・アンバディは、レビンソンのテープのうち外科医と患者の会話に注目した。そして一人の外科医について二人の患者の会話を選んだ。次に会話の中から医者が話している部分を10秒ずつ選び、全部で40秒のテープを作った。そして最後にその内容をふるい分けた。単語を聞き分けるのに必要な高周波の音を発話から取り除いた。あとには意味をなさないイントネーション、声の抑揚、リズムだけが残る。輪切りにした音を使って、アンバディはゴットマンと同じような分析をした。それらの音に暖かさ、敵意、威圧感、相手に対する気遣いといった感情が感じられるかどうかを人に評価させてみた。その結果、彼女はこの評価方法だけを頼りに、訴えられた医師とそうでない医師を言い当てることができた。

アンバディも同僚もこの結果にはまったく驚いたと言う。だが種明かしをすれば簡単だ。判定者は外科医の技術レベルについては何も知らなかった。医者がどのような経験を積み、どんな教育を受け、どのような手順をとる傾向があるかといったことも知らなかった。患者に何を話していたのかさえわからなかった。判断材料は外科医の声を分析した結果だけ。それで十分、威圧感のある声の外科医は訴えられやすく、声が威圧的でなく患者を気遣うような感じの外科医は訴えられにくかった。これ以上薄い輪切りがあるだろうか？

医療事故というと、とんでもなくややこしい問題のように思うかもしれないが、要は患者を大事にしているかどうかの問題であり、その態度は声の調子に現れるのだ。医者にとって最も損な声は威圧的な声ということになる。アンバディは威圧的な声を拾い出すのに医者と患者の会話を全部聞く必要はなかった。なぜなら、ゴットマンが研究した夫婦げんかの会話や学生の寮の部屋と同じように、医者の診察にもその医者ならではの特徴がはっきりと現れるからだ。

今度、医者の診察を受けに行って、医者が話を聞いてくれないとか、あなたにしゃべるすきを与えようとしないとか、大事にしてくれないと感じたら、そこに注意してみてほしい。あなたは医者を「輪切り」にして、何か欠けていることに気づいたのだ。

ひと目で見抜く力

輪切りは限られた人だけの能力ではない。輪切りの能力は人間として生きるうえで最も大切な要素だ。初対面の人に会うとき、何かを短時間で理解しなければならないとき、新しい状況に直面したときに、私たちはいつもこの能力を利用している。「輪切り」をするのは必要に迫られるからだ。世の中にはたくさんの「筆跡」が隠れていて、たった数秒でも輪切りにした断片に注目すれば、いろんなことがわかってくる。だから私たちはこの能力に頼っている。

たとえば、一瞬の断面を鋭く読み取る才能を表す言葉はいろんな分野に見られる。バスケットボールでは周りの動きをすべて把握できる選手のことを「コートセンス」があると言う。軍隊では優秀な司令官のことを「眼力」があると言う。すなわち戦場をひと目見ただけで戦況を理解する能力のことだ。ナポレオンやパットン将軍には眼力があった。

鳥類学者のデイビッド・シブリーは二〇〇メートル先を飛ぶ鳥を見て、すぐに小型のシギの一種である珍しいエリマキシギだとわかったという。飛んでいるエリマキシギを見たのはそれが初めてだったし、特徴を細かく確認している暇もなかった。だが彼には鳥の「全体的な印象」、すなわち色や形、動きなどを捉える才能があり、それだけで見分けられたのだ。

「鳥の識別は主観的な印象に頼ることが多い。鳥の動き、違う角度から見た一瞬一瞬の姿、異なる姿勢の連続。頭を動かしたり、飛んだり、旋回したりするときに、さまざまな形やアングルが連続して見えるのだ」とシブリーは言う。「それらをすべて総合すると、その鳥だけの印象が浮かび上がる。それをばらばらにすることはできないし、言葉で説明することもできない。野外で鳥を観察するときは、時間をかけて分析して、これこれこういう特徴があるからこの種類だというように判断するわけではないんだ。もっと自然に直感的に判断する。練習を繰り返せば、鳥を見ただけで脳のスイッチが入るようになる。ひと目見ただけで、どの鳥かわかるようになる」

二〇年にわたり大ヒットを次々に生み出してきたハリウッドの映画製作者ブライアン・グレイザーは、俳優のトム・ハンクスに初めて会ったときのことをやはり同じような言葉で語っている。一九八三年のことだ。当時トム・ハンクスはほとんど無名だった。それまでに出演したのは、もう誰も覚えていないようなテレビのコメディ番組だけだった。「彼が部屋に入ってきて、映画『スプラッシュ』の台本を読み始めた。そのときのことを私は今でも覚えている」とグレイザーは言う。一瞬にして彼はトム・ハンクスが特別な存在だということを見抜いた。

「その役を決めるために私は大勢の俳優に会った。もっと面白いやつもいたが、彼ほど好感が持てなかった。私は彼の身体に乗り移ってもいいとさえ思った。彼の悩みを放っておけなくなった。人を笑わすには面白いことをしないといけない。人を面白がらせるには不愉快なこともしないといけない。笑いは怒りから生まれるものだ。腹を立てることが笑いにつながる。笑いには心の葛藤が必要なんだ。でも彼なら不愉快なことをしても許せる。許せば彼とずっと一緒にいられる。恋人を振るようなひどいことをしたり、気の合わないところがあっても、許すしかない。会った瞬間、これだけのことをはっきりと意識したわけじゃないが、直感的にそう判断した。あとで考えてみるとそういうことだった」

たぶん読者の多くも同じようなことを考えるのではないだろうか。トム・ハンクスってどんな人と聞かれたら、礼儀正しくて信頼でき、気取りのない面白いやつだと答えるだろう。だが、あなたは彼を知っているわけではないし、友人でもない。いろんな役を演じる彼を映画で見たことがあるだけだ。それでも、輪切りの体験の中から彼についての重要な要素を取り出して、その印象でトム・ハンクスの映画の観方が大方決まる。

「トム・ハンクスの宇宙飛行士なんてまるで想像できないとみんなに言われたよ」とヒット作の『アポロ13』に彼を起用したときのことをグレイザーは語る。「あいつが宇宙飛行士に向いているかどうかはわからなかった。ただ、私にとってこの映画は危機に直面した宇宙船の話だったから、世界中の人が生きて帰ってきてほしいと願うのは誰だろうと考えた。アメリカ人は誰なら救いたいと思うだろう？　そこでトム・ハンクスの顔が浮かんだんだ。みんなあいつのことが大好きだから、死なせたくないと思うはずだ」

「輪切り」の才能が頼りにならないとしたら、すなわち誰かのことを知るのに何か月もかかるとしたら、『アポロ13』はドラマチックな映画でなくなっただろうし、『スプラッシュ』は面白くもなんともない映画になっただろう。複雑な状況を瞬時に理解できなければ、バスケットボールの試合は収拾がつかなくなるだろうし、バードウォッチャーは途方に暮れる。

つい先頃、私の手に余った例の離婚予測テストをある心理学者のグループが再度試みた。ゴットマンが録画した夫婦のビデオを素人に見せたのだ。ただし評価する人にちょっとしたヒントを与えた。注意すべき感情をあらかじめ教えておいたのだ。ビデオを30秒ずつに分け、夫と妻の会話のそれぞれに集中できるように一本のビデオを二回ずつ見せた。その結果どの夫婦が長くもつかを八〇%以上の確率で予測できた。ゴットマンほどではないが素晴らしい結果だ。でも驚くことはない。私たちはみな「輪切り」の達人なのだ。

第2章

無意識の扉の奥

理由はわからない、でも「感じる」

ダブルフォールトを見抜くテニスコーチ

しばらく前のこと、有名なテニスコーチのヴィク・ブレーデンは、試合を見るたびに奇妙なことに気づくようになった。テニスではサーブのチャンスが二回ずつあり、二回とも失敗するとダブルフォールトと言う。ブレーデンには選手がダブルフォールトするかどうかがいつも直前にわかったのだ。選手がボールを放り上げてラケットを後ろに引く。ラケットがボールに触れる寸前に、彼は「だめだ、ダブルフォールトだ」と叫んでいた。するとボールは間違いなくラインをオーバーしたり、ネットに引っ掛かったりした。選手が誰かや、試合をその場で観戦しているかテレビで見ているかは関係なかった。その選手のサーブをよく知っているかどうかも関係なかった。「初めて見るロシア人の女子選手の試合でも、こいつダブルフォールトだと叫んでいた」。まぐれではない。コインを投げて裏か表かを当てるのは、まぐれでもできる。だが、ダブルフォールトはそうたびたびあるものではない。プロの場合、一試合で何百本も打つサーブのうちのせいぜい三、四回だ。

ある年、南カリフォルニアにあるブレーデンの自宅に近いインディアン・ウェルズで、プロのトーナメントがあった。観戦した試合の記録を取ってみると、一七回のダブルフォールトのうち一六回的中した。「よく当たりすぎて怖くなったよ。二〇回のダブルフォールトを全部当てたこともある。めったにダブルフォールトしない選手だったのに」

ブレーデンは七〇歳を超えた。若い頃は一流のテニス選手としてならし、五〇年以上にわたりテニス史に残る偉大な選手を数多く育ててきた。小柄で意気盛ん、三〇代にも負けない体力の持ち主だ。テニス界では、存命中の誰よりも試合の機微を知り尽くした男として知られている。それならば、ひと目で選手のサーブを読めたとしても不思議はない。ゲッティのクーロス像を見てすぐ偽物だと気づいた専門家と同じだ。選手が気を鎮（しず）めるしぐさやボールの放り上げ方、あるいは動作の流れに無意識の中の何かが反応し、直感的にダブルフォールトの「感じ」をつかむ。サーブの動作の一部分を輪切りにして、その瞬間にひらめくのだ。だがひとつ問題があった。ブレーデンは理由がわからないことをもどかしく思っていたのだ。

「いったい何を見たんだ？　ベッドに寝ころんで考える。どうしてわかったんだろう？　でもわからない。気が変になりそうだったよ。頭の中で何度もサーブの場面を思い返して、なんとか理由を知ろうとした。選手がふらついたのか？　一歩余分に足を踏み出したのか？　一回余分にボールを地面にはずませたのか？　何かが選手の動きを狂わせたのか？」。判断の根拠となったはずの証拠は無意識のどこかに埋もれていて出てこなかった。

　これが無意識から湧いてくる考えや判断についての、二つめの重要な事実である。瞬時の判断というものは、まずごく短時間に起こる。判断に使うのは体験したうちのごく薄い輪切りの部分だけ。またそのような判断は無意識に起こる。アイオワの実験では、カードめくりの被験者は自分で気づかないうちに危険な赤いカードを避け始めていた。何が起きているのか脳が意識的に理解したのはカードをさらに七〇枚めくったあとだった。ハリソン、ホービング、そしてギリシャの専門家たちが初めてクーロス像と対面したとき、直感的に反発を感じ、とっさに言葉が頭に浮かび、ハリソンは「お気の毒に」と口にした。だが最初に疑わしいと思ったときに、なぜそんなふうに感じるのかを正確に説明できたわけではない。ホービングが何人かの美術の専門家（彼は偽物発見器と呼んでいる）に話を聞くと、作品の真贋を見きわめる基準はきわめてあいまいだと、みな口を揃えて答えた。彼らは「作品を見たときに胸がざわつく感じ、目に見える事柄が次々に頭の中にあふれる感じ」がしたと言う。一人はそのときの感じを「目と感覚がハチドリの大群と化して、あっちこっちで飛び出したり飛び込んだりしているみたい」だったと説明している。彼らは数分、ときには数秒でたくさんの情報を理解し、「気をつけろ」と注意を促されるように感じるのだそうだ。

ホービングは美術史家バーナード・ベレンソンについて語っている。「彼はたびたび同僚を困らせた。知識もないのに、手を加えられた作品や贋作とされる作品のささいな欠陥や矛盾点をなぜあれほどはっきり見分けられるのか、言葉で説明できなかったからだ。そのため、ある訴訟でも、ベレンソンはそんな感じがしたと証言しただけだった。変な耳鳴りがしたと言うのだ。彼は一瞬ふさぎ込み、意識がかすんで、バランスを失った。目の前の作品が偽物だとわかった理由の説明としてはとうてい科学的とは言えない。でもそれしか答えられなかったのだ」

瞬時の判断や瞬間的な認知は閉じた扉の奥で起きる。ヴィク・ブレーデンはその部屋の中をのぞこうとした。サーブの打ち方のどこが判断の根拠となったのかを、夜も寝ずに突き止めようとした。でもできなかった。

閉じた扉をめぐる事実に私たちはどうもうまく対処できないらしい。瞬時の判断と輪切りのすごい力は認めても、一見不可解なこの能力を信用できるわけではない。億万長者の投資家ジョージ・ソロスの息子は次のように話す。「父は自分の行動を説明するさまざまな理屈を人に語る。だが子どもの頃そんな父を見て、半分はでたらめじゃないかと思ったのものだ。父が投資先の評価を変えるのは背中がひどく痛むからだ。痙攣（けいれん）が起きると、それが最初の警告のサインというわけさ」

これもジョージ・ソロスが優れた投資家である理由のひとつに違いない。彼は無意識が下す判断の価値に気づいている。でもソロスに資金をあずけるとして、彼の判断の唯一の根拠が背中の痛みだと聞いたら不安だろう。ジャック・ウェルチのように大成功した経営者なら『ジャック　直感のままに』（邦訳『ジャック・ウェルチ　わが経営』日本経済新聞社、二〇〇一年）と題する回顧録を書く資格はある。だがタイトルでそう言っておきながら、彼の成功は直感だけでなく、じっくり練った経営理論やシステムや原理の助けも借りていると書いている。この世界では判断の根拠を示し、説明しないことには信用されないからだ。「どんなふうに」感じるかを語るときは、「なぜ」そう感じるかも詳しく説明しなければならない。だからこそ、ゲッティは少なくとも最初のうちホービングやハリソン、ゼリらの意見を受け入れられなかった。科学者や弁護士の意見のほうが受け入れやすかった。彼らは判断の根拠を示す大量の書類を作成できたからだ。

だがこのアプローチは間違っていないだろうか。よりよい判断を下す方法を学びたければ、瞬時の判断の不思議を受け入れる必要がある。理由がわからないままにわかることはあるという事実を尊重し、そのほうがうまくいくこともあるという事実を受け入れる必要がある。

行動を促すプライミング実験

私が大学の先生で、あなたを教授室に呼んだとしよう。あなたは長い廊下を歩いていき、ドアを開け、テーブルの前に座る。目の前に紙が一枚あり、単語が五つずつ並んでいる。一項目につき四つずつの単語を使って、できるだけ早く文法的に正しい文を作れ、と指示される。ばらばらにした文を元に戻すテストである。（　）内は正解と日本語訳。

(1)　him was worried she always
（***She always worried him.*** 彼女はいつも彼を心配していた）

(2)　from are Florida oranges temperature
（***Oranges are from Florida.*** オレンジはフロリダ産だ）

(3)　ball the throw toss silently
（***Toss the ball silently.*** ボールを静かにトスしろ）

(4)　shoes give replace old the
（***Replace the old shoes.*** 古い靴を履き替えろ）

(5)　he observes occasionally people watches
（***He occasionally watches people.*** 彼はときどき人々を観察する）

(6) be will sweat lonely they
(***They will be lonely.*** 彼らは寂しいだろう)

(7) sky the seamless gray is
(***The sky is gray.*** 空は灰色だ)

(8) should now withdraw forgetful we
(***We should withdraw now.*** もう私たちは撤退せねばならぬ)

(9) us bingo sing play let
(***Let us play bingo.*** さあビンゴでもしよう)

(10) sunlight makes temperature wrinkle raisins
(***Sunlight makes raisins wrinkle.*** 日光がレーズンをしわしわにする)

楽勝、と思われるだろう。でも、そうはいかない。テストを終えたあと教授の部屋を出て、廊下を歩くあなたの足取りはさっきより重い。このテストが、あなたの行動に影響を与えたからだ。いったいどうやって？

もう一度リストを見てみよう。「心配した」「フロリダ」「古い」「寂しい」「灰色」「ビンゴ」「しわだらけ」といった単語が並んでいる。ただの語学力のテストだと思っただろうが、実際は脳内のコンピュータ、すなわち適応性無意識に、歳を取った状態について考えるように仕向けたのだ。老化の強迫観念は脳のほかの部分に伝わっていない。だが無意識の世界が老化のイメージで占められたため、テストを終えて廊下を歩く頃には老人のような歩き方になってしまった。

このテストはジョン・バージという優秀な心理学者が考えたもので、「プライミング実験」という。バージは仲間とともに、これと似たもっと面白い実験をいくつも実施し、そのたびに無意識の閉じた扉の奥でいかに多くのことが起きているかを明らかにした。

たとえば、バージとニューヨーク大学の二人の同僚マーク・チェンとララ・バローズは、バージのオフィスに近い廊下で実験をした。大学生に協力してもらい、全員に二種類のテストのうちいずれかを渡した。最初のテストには「強引」「大胆」「無礼」「困らせる」「妨げる」「邪魔する」「侵害する」といった単語が並ぶ。もう一方には「尊敬する」「思いやりのある」「感謝する」「がまん強く」「従う」「丁寧な」「礼儀正しい」といった単語が並ぶ。どちらも似たような単語が並んでいて、学生にはどういう実験なのかわからない（もちろんプライミング実験であることがばれたら失敗だ）。５分ほどでテストを終えたのち、学生たちは廊下の先に行って、次の実験の担当者と話すように指示を受ける。ところが学生が部屋の前まで行くと、担当者はほかの学生（助手）の相手をするのに忙しく、話ができないように仕組んである。担当者の部屋の入口を助手が塞いでいる。「お行儀」系の単語ばかり見た学生のほうが「無礼」系の単語を見た学生より、担当者と助手の会話に割って入るまでの時間が長いかどうかを知ろうという実験だ。

バージは無意識の不思議さについてよく知っていて、差は出るはずだと思っていた。だが微妙な差だろうと見ていた。実験に先立ち、バージは実験の承認を受けに大学の委員会に出向いた折、担当者と助手のむだ話を最大10分で終えるよう求められた。バージはそのときのことをこう語る。「私はそれを聞いて、ご冗談をと思ったよ。差は一〇〇〇分の一秒単位まで測るつもりだった。なにしろ相手はせっかちなニューヨークの学生だ。黙ってじっと待っているわけがない。秒単位、せいぜい1分しかもたないと思っていた」

だがその予測は間違っていた。無礼系の単語を見た学生は平均で約5分たってから会話をさえぎった。一方、お行儀系の単語を見た学生の八二％という圧倒的多数が10分たっても会話をさえぎろうとしなかった。時間の制限さえなければ、辛抱強く笑顔を浮かべて、いつまでも廊下に立っていたかもしれない。

「実験したのが私の部屋のすぐそばだったから、その間中同じ会話を何度も聞かされることになった。毎回、新しい被験者が来るたびにね。うんざりしたよ。学生がやってくると、いつも担当者と助手がドアのところで話している。助手は『何をすればいいのかわからない』とくどくど言い、10分間『どこに印をつければいいの？　わかりにくいんだけど』というようなどうでもいい質問を繰り返すんだ」とバージは実験のときのおかしな光景を思い出して苦笑いした。「実験は一学期間続いた。お行儀系の単語を見た学生はいつも、じっとそこに突っ立ってたよ」

プライミングは洗脳とは違う。「昼寝」とか「ほ乳瓶」とか「ぬいぐるみ」という単語でプライミングしても、記憶の底にある子ども時代の個人的な情報を引き出すことはできない。私に代わって銀行強盗を働くようにプログラムすることもできない。一方でプライミングの効果は小さくない。

二人のオランダ人研究者がある実験をした。雑学クイズのゲームから難問ばかり四二問集め、学生のグループに答えさせた。学生の半分にはゲームを始める前の5分間に教授になるということについて考えさせて、頭に浮かんだことをすべて書き留めるように指示した。この学生たちは五五・六％の質問に正しく答えた。残りの半分にはゲームの前にサッカーのフーリガンについて考えさせた。彼らの正解率は四二・六％だった。「教授」のグループが「フーリガン」のグループより物知りだったわけではない。頭がよかったわけでも、集中力があったわけでも、真剣だったわけでもない。「頭がよくなった」ように感じただけだ。そして頭のよさを示す概念、ここでは教授を自分と関連づけることで、難しい質問に緊張しながらも正しい答えがすらすらと出てきたのだ。五五・六％と四二・六％の差は大きい。合格と不合格を分けるかもしれない。

自発的行動は幻

心理学者クロード・スティールとジョシュア・アロンソンはこのテストをもっと極端なものに変えた。そして、黒人の大学生にＧＲＥ（大学院出願用の学力テスト）から取った二〇の質問に答えさせた。テスト前のアンケートで人種について質問したところ、それだけで、アフリカ系アメリカ人と成績に関連する型通りの否定的なイメージが頭に浮かんだ。彼らは問題の半分しか正しく答えられなかった。この社会でテストはかなり信用されている。受験者の能力や知識を示す信頼できる方法と考えられているからだ。でも本当にそうだろうか？　有名私立高校の白人の学生がスラム街の高校に通う黒人の学生より学力テストでよい結果を出したとする。それはその白人が実際に優秀だからだろうか？　それとも、白人で有名高校に通っている学生は「頭がいい」と常にプライミングされているからだろうか？

もっと興味深いことがある。プライミングの効果は実に不思議だ。文を完成させるテストでは、「歳を取った」と考えるようにプライミングされているとは誰も気づかなかった。気づくはずがない。手掛かりはわずかだったのだ。のろのろと部屋を出て廊下を歩き出してからも、行動が影響されたことに誰も気づかなかった。

バージは以前にゲームで実験したことがある。ゲームは参加者が協力し合わないと勝てない仕組みになっていた。そこで彼は参加者に対して協力という概念をプライミングした。すると彼らは確かにずっと協力的になり、ゲームの流れがよくなった。「ゲームのあとでどの程度、熱心に協力したか、どのくらい協力したいと思ったかを聞いてみた。そして答えを実際の行動と比べてみた。すると両者の間に相関関係はまったく見られなかった。このゲームは終えるのに15分かかり、そのあとで学生に聞いても自分の行動をよく覚えていなかった。まるきり気づいてないんだ。説明もでたらめだった。驚いたね。せめて少しは覚えていると思ったが、何も覚えていなかった」

アロンソンとスティールも黒人の学生を使った実験で同じことを発見した。学生は自分の人種について意識させられて、テストでよい結果を出せなかった。アロンソンはこう話す。「あとから学生に『何か力を出し切れない理由があったのか』と尋ねてみた。『人種についての質問が妨げになったのかな?』と聞いてみたんだ。それが成績を大きく左右したことは明らかだったからだ。でも彼らは決まって違うと答える。そして『たぶん僕は頭が悪いんです』というようなことを言うんだ」

実に気になる結果だ。自分で自発的な行動だと思っているものの多くは幻なのだということをこの実験は示している。

私たちはたいてい自動操縦モードで動いている。私たちの考え方や行動、特に、とっさの場合にいかに適切に判断して行動するかは、思った以上に外界の影響を受けやすい。だが、無意識がひそかに働いていることの利点も大きい。文を完成させるテストで、あなたは単語を並べ替えるのにどれくらい時間がかかっただろうか? 一文あたりせいぜい数秒だろう。たいしてかからない。気を散らされることなく、テストに集中できたからだ。単語のリストに隠れたパターンを探しながらだったら、もっと時間がかかっただろう。気が散ったはずだ。高齢者にかかわる言葉を見すぎたせいで部屋から出ていく動作がのろくなったが、たいした実害はない。無意識は「ただいま高齢者にふさわしい環境にいるらしいという手掛かりを感知しました。それなりに行動しましょう」と身体に告げたにすぎない。このとき無意識は忠実な召使いとして働いていたのだ。日常生活において心の中のちょっとした仕事を一切引き受けてくれていた。周りで起きていることに目を光らせ、ふさわしい行動を取るように手伝っていた。そのおかげであなたは大事なテストに集中できた。

アイオワで赤と青のカードの実験をしたチームを率いていたのは神経学者アントニオ・ダマジオだ。彼のグループは閉じた扉の外でいくつもの思考が同時進行するとどうなるかについて、興味深い研究を行った。脳の前頭葉腹内側部という、鼻の奥にある小さいながら重要な部分に損傷のある患者を研究したのだ。ここは意思決定において重要な役割を果たす。不慮の出来事を解決し、物事の関係を見きわめ、外界から入ってくる山のような情報をふるい分け、優先順位をつけ、すぐに対処すべき事柄に印をつける。前頭葉腹内側部に損傷のある人の意識はまったく正常だ。きわめて知的で、機能的にも劣らない。ただし判断力はない。もっと正確に言えば、無意識の中で召使いが助けてくれないために、本当に大事なことに集中できない。ダマジオは著書『デカルトの過ち』（未邦訳）に、このような患者と会う約束をしようとしたときのことを次のように書いている。

私は日にちを二つ提案した。いずれも次の月で、間は数日しか離れていなかった。患者はスケジュール帳を開き、暦を見た。そのあとの行動に私も同席した研究者たちもあきれた。彼は30分近くそれぞれのよい点と悪い点をあげ続けた。提案した日にちより前に予定している用事、ほかの予定とのかねあい、天気の見込みなど、たかだか日にちを決めるためにありとあらゆる条件を指摘した。それから退屈なプラス面とマイナス面の分析を示し、代わりの日にちや考えうる結果についてあれこれ説明し、無意味な比較を続けた。テーブルを叩いて話をさえぎりたくなる衝動を抑えるのに、私はずいぶん苦労した。

ダマジオらは前頭葉腹内側部を損傷した患者にカードを使ったテストも行った。患者の多くは普通の人と同じように、最後には赤いカードに問題があることを見抜いた。だが途中で手のひらに汗をかくこともなければ、青いカードのほうが好ましいことになんとなく気づくこともなかった。また、ゲームの仕組みに気づいてからも、行動を修正して危険なカードを避けることもなかった。何が正しいか頭でわかっていても、カードのめくり方は変わらなかったのだ。アイオワでの研究にかかわったアントワーヌ・ベカラはこう説明する。「薬物依存の患者に似ている。患者は自分の行動の結果をきちんと説明できるが、その通りに行動できない。脳に問題があるからだ。私たちが研究しているのはそこだ。前頭葉腹内側部に損傷があると、知識と行動のつながりが断たれてしまう」

黙って正しい方向に導いてくれて、手のひらの汗というわずかな変化によってふさわしい行動を取るように助けてくれる召使いが、患者を助けてくれない。動きが速く危険が迫った状況で、アイオワの患者たちのように、完全に理性を保ったまま平然としているわけにはいかない。次々に代案を示しながら、いつまでもその場に立ち尽くしているわけにもいかない。閉じた扉の奥で体内コンピュータが代わりに判断してくれたほうが、うまくいくこともあるのだ。

未来のパートナーを「輪切り」にするスピードデート

あるさわやかな春の日の夜、二四人の男女がマンハッタンにあるバーの個室に集まり、「スピードデート」というちょっと変わった催しに参加した。集まったのは二〇代の専門職の若者ばかり。ウォール街のビジネスマン、医者の卵、学校の教師が数人ずつ。有名ブランドのアン・クライン・ジュエリー本社に勤める四人の女性もいた。女性はみな赤か黒のセーターにジーンズか黒っぽいパンツ。男性は一、二名を除いて、みなブルーのシャツに黒のスラックスという、マンハッタンで働く男性のお決まりの服装だった。最初は飲み物を手にぎこちなく話をしていたが、やがて進行役のカイリンという魅力的な女性が「お静かに」と呼びかけた。

「男性は女性と一人６分ずつ話してください」と彼女は切り出した。「女性は壁沿いのソファに座ったままで結構です。６分たったらベルを鳴らすので、男性は隣の女性に移ってください。全員にバッジと番号と紙を渡します。相手を気に入ったら、６分たったあとで紙に書いてあるその人の番号の横に印をつけてください。相手も自分に印をつけていたら、その二人には二四時間以内にお互いのメールアドレスをお教えします」。期待の入り交じったざわめきが起きた。何人かがもう一度化粧室に駆け込んだ。開始のベルが鳴った。

男女がそれぞれの席に着き、たちまち部屋は会話に飲み込まれた。男性の椅子は女性の座ったソファから少し離れていて、二人とも膝にひじをついて前かがみにならないと話せなかった。女性の中にはソファの上でお尻を浮かせて前に身を乗り出そうとする人もいる。三番のテーブルで女性と話していた男性は女性の膝にビールをこぼしてしまった。一番のテーブルでは黒髪の女性が会話を盛り上げようとして、男性に矢継ぎ早に質問する。「三つ願いごとをするとしたら何をお願いする？」「ご兄弟はいらっしゃる？」「お一人で住んでいらっしゃるの？」。別のテーブルではかなり若い金髪の男性が女性になぜこの催しに参加したのか聞いている。「私、二六歳なの」と彼女は答える。「友達はみんな高校時代からつきあってる男性がいて、婚約してるかすでに結婚してる。なのに私はまだひとりで、あせってるわけ」

カイリンは部屋のもう一方の壁沿いにあるバーのかたわらに立っている。「会話が盛り上がれば6分はあっという間だけど、そうでなければつらい6分ね」と男女が落ち着きなく話す様子を眺めて言う。「変わったこともある。十一月のことだった。クイーンズ区から来た男性が赤いバラを二本持って現れたの。そして話が終わるたびに女性にバラを一本ずつ配った。それに彼、スーツを着ていたわ」と彼女はかすかにほほ笑んだ。「要するに誰でもよかったのね」

スピードデートはここ数年、世界中で爆発的に人気が高まっている。人気の理由は簡単だ。この催しはデートをシンプルにして、瞬時の判断の部分だけを取り出しているのだ。席に着いた男女はみな簡単な質問に答えようとしていた。すなわち「この人ともう一度会いたいか？」だ。この質問に答えるのに夜遅くまで話す必要はない。数分でわかるのだ。

たとえば、アン・クラインに勤める女性の一人ベルマはどの男性も選ばなかった、男性と話すたびに答えはすぐ出たと言う。「会った瞬間この人は違うとわかったわ」。投資銀行でアナリストとして働くロンは二人の女性を選んだ。そのうちの一人は1分半ほど話してみて気に入った。もう一人、二番のテーブルに座っていたリリアンのことは向かいの席に座った瞬間に気に入った。「舌にピアスをしてたんだ」と彼はうっとりしたように言う。「こういう場所に来る女性は弁護士ばかりだったりするけど、彼女は違ってた」。リリアンもロンを気に入った。「どうしてかわかる？　彼、生まれがルイジアナ州なの。私、南部訛り（なま）に弱いのよ。どうするか見たくて試しにペンを落としてみたら、すぐに拾ってくれたわ」

あとからわかったのだが、ロンに出会った瞬間に彼を気に入った女性も、リリアンに出会った瞬間に彼女を気に入った男性もたくさんいた。二人とも即座に人を引きつける魅力があるようだ。「女の子って頭いいからね」と言うのは青いスーツ姿の医学生ジョン。彼は催しのあとでこう話した。「彼女たちには一瞬でわかってしまうんだ。この人のことを気に入るかしら。親に会わせることができるかしら。それともただのくだらない男かしらということがね」。ジョンの言う通り。ただし頭がいいのは女の子だけじゃない。未来のパートナー候補を「輪切り」にするということにかけては男も女もよくできる。

理想と現実のズレ

ここでルールを少し変えてみよう。閉じた扉の奥をのぞいて、相手を選んだ理由を説明させてみよう。もちろん無理だ。無意識の思考のからくりは永遠に秘密だ。だが、ここではちょっと強引に第一印象と瞬時の判断について説明してもらう。コロンビア大学の教授シーナ・アイアンガーとレイモンド・フィスマンがこれを実験した。そして、無理やり説明させると、おかしなことになるのだった。とてもわかりやすくて単純な輪切りの練習と思っていたものが、ずいぶんややこしい問題に変わってしまった。

アイアンガーとフィスマンはちょっと変わった組み合わせだ。アイアンガーはインド系の心理学者で、フィスマンはユダヤ人の経済学者だ。二人がスピードデートにかかわることになったのは、あるパーティで見合結婚と恋愛結婚の長所について議論になったことがきっかけだ。「そのパーティで生まれたカップルが一組、今も続いているらしい」とフィスマンは話す。彼はやせていて二〇歳前と言っても通る、皮肉のきいたユーモアのセンスの持ち主だ。「光栄だね。全部で三組まとめれば、ユダヤ人は天国に行けるんだ。だからあと二組だ」

二人の教授はコロンビア大学から道を隔てた向かいにある、ブロードウェイのウェスト・エンド・バーでスピードデートを催した。ニューヨークでよく行われているスピードデートとまるきり同じ内容だ。ただし、参加者は短いデートをして○か×か印をつけるだけでなく、スピードデートの前、直後、一か月後、半年後の計四回、未来のパートナーに何を求めているかを一〇段階で評価する短いアンケートに答えてもらった。質問の内容は魅力、共通の興味、面白さ／ユーモアのセンス、誠実さ、知性、向上心について。また「デート」が終わるごとに、会ったばかりの相手を同じ項目で評価させた。スピードデートが終わる頃には、参加者がデート中に感じたことをかなり詳しく知ることができた。その結果から面白いことがわかってきた。

たとえばこの実験で、私は色白でブロンドの巻き毛の若い女性と、背が高く緑色の目に茶色い長髪の快活な男性に注目した。名前は知らないが、仮にメアリーとジョンと呼ぼう。デートの間、二人を見ていて、すぐにメアリーはジョンが気に入り、ジョンもメアリーを気に入っていることがよくわかった。ジョンがメアリーの前に座ったとたんに二人の目が合った。メアリーは恥ずかしそうに下を向き、少し緊張して見えた。そのあと彼女は椅子に座ったまま前に身を乗り出した。はた目には典型的な一目ぼれのケースに見えた。だが、ここで少し深く探って、簡単な質問をする。

まず、ジョンの性格についてのメアリーの評価は、彼女が男性に求める要素として事前に答えた内容と一致するだろうか。すなわち、男性のどこに引かれるかについてメアリーは正しく予測していただろうか。答えは簡単に出た。理想とする性格と、男性に会った瞬間に引かれる性格は一致しなかった。たとえばメアリーは、知的で誠実な人がいいと事前に答えている。でもそれは、彼女がそういう人にしか引かれないということではない。ジョンがまさにそうで、彼女が最も引かれた相手は魅力的で面白いが、特に誠実でも頭がいいわけでもない。二番目に、メアリーが気に入った男性が全員、どちらかというと魅力的で面白い男性だとしたら、翌日理想の男性の性格を聞かれたときに魅力的で面白い人と答えるだろう。だがそれは翌日だけだ。一か月後に同じ質問をしたら、最初のように知的で誠実な人がいいと答えるだろう。

ややこしい話だと思われても仕方ない。実際ややこしいのだ。メアリーは理想の相手はこういう人だと答える。だが目の前に何人もの選択肢を示されて、本当に気に入った男性に出会ったとたんに、理想像はすっかり変わってしまった。だが一か月もたてば元の理想に戻る。とするとメアリーは本当のところ男性に何を求めているのか？

アイアンガーに尋ねると「わからないわ」という答えが返ってきた。「最初に答えたほうが本当の自分なのかしら」

彼女は口をつぐみ、フィスマンがあとを引き継いだ。「いや、本当の自分は行動によって明らかになったほうさ。経済学者ならそう答えるね」

アイアンガーは途方に暮れているようだ。「心理学者はそんなふうに答えるかしら」

彼らの意見は食い違った。しかし正しい答えなどないのだ。メアリーには理想の男性像がある。それは間違いない。ただ不完全なだけだ。最初に答えたのは意識している理想だ。落ち着いて考えたときはそういう男性を望んでいると思う。だが、相手が目の前に現れた瞬間にどういう基準で好き嫌いを決めるかは本人にもよくわかっていない。決め手は閉じた扉の向こう側にあるからだ。

説明できないと話をでっちあげる

ブレーデンはプロのテニス選手を指導する中で似たようなことを体験した。彼は長年、できるだけ多くの一流選手と話し、なぜ、どうやって個々のプレイをするのか質問してきた。だがそのたびに失望した。

「一流選手に聞いてみても、自分のプレイについて常によくわかっていて、正確に説明できる選手は一人もいなかった。聞くたびに答えが違ったり、無意味なことを答えたりするんだ」

彼は一流選手のプレイを録画して、身体の動きをデジタル化し、パソコンでひとコマずつに分けた。そして、たとえばピート・サンプラスがバックハンドでクロスコートを打つときに、肩を何度回すかを正確に知ろうとした。

そのビデオテープの中に、偉大な選手アンドレ・アガシがフォアハンドを打つ場面がある。画像は余計な部分を省いてある。アガシは骨格だけだ。ボールを打とうとして身体を動かすと、どの関節の動きもよくわかり、測定もできる。このビデオは瞬間の身のこなしを説明することがいかに難しいかをよく物語っている。

「世界のプロ選手はたいてい、フォアハンドを打つときは手首のスナップを利かせてラケットを回転させるようにしてボールにかぶせると説明する。なぜだろう？　彼らはどこを見ているんだろう？　ほらここだ」と言ってブレーデンは画面を指す。「アガシがボールを打つところだ。画像をデジタル処理すると手首が八分の一度回っただけでもわかる。だがどの選手もまず手首は回さない。ほら、ほとんど動いてない。ボールを打ってかなりたってからようやく手首を回している。自分ではボールを打つ瞬間に手首を回すと思っているが、実際に回すのは打ったあとずいぶんたってからだ。なぜ大勢の選手が勘違いするのだろう？　選手はコーチに大金を払って、手首を回してボールを打つ方法を教えてもらおうとする。おかげで腕の怪我が急増しているんだ」

野球選手テッド・ウイリアムズにも同じ問題があることをブレーデンは知った。野球史上最高の打者で、バッティング技術についての知識と理解の深さで一目置かれている。彼はボールがバットに当たるところが見えるとよく話していた。つまり、バットに当たる瞬間までボールの軌跡を目で追えるということだ。だがブレーデンは、テニスでの経験からそんなことは不可能だと知っていた。テニスボールが選手に向かって飛んでくる最後の一・五メートルは、ボールが近すぎるし動きが速すぎて見えはしない。その瞬間選手の目は見えていないも同然だ。野球だって同じだ。ボールがバットに当たるところが見えるわけがない。

「前にテッド・ウイリアムズに会ったことがある。二人とも同じ会社の仕事をしていて、あるイベント会場で会ったんだ。そこで言ってやった。『やあ、テッド。少し前に実験したんだが、ボールがバットに当たるところは人の目には見えないらしいな。なにせ0・003秒の間の出来事だ』。すると彼は素直に認めたよ。『たぶん見えるような気がしただけだ』とね」

テッド・ウイリアムズの打撃は誰よりすごい。彼は身体をどのように動かしているかも自信を持って説明できる。でもその説明は実際の動きとずれていた。メアリーの理想の男性像と、男性に会った瞬間に引かれた性格が必ずしも一致しなかったのと同じだ。人間には話をでっちあげるという問題がある。説明できないことをあわてて説明しすぎるのだ。

何年も前に心理学者ノーマン・R・F・マイアーが実験をした。部屋の天井から長いロープを二本つるし、部屋には道具や物や家具をいろいろと置いた。二本のロープは離れていて、片方のロープの端を持ったら、もう一方のロープには届かない。部屋に入ってきた人に同じ質問をする。この二本のロープの端どうしを結ぶ方法をいくつ思いつくか？

方法は四つある。まず一本のロープをもう一本のロープにできるだけ近づけてから椅子か何かに引っかけておき、その間にもう一本のロープを取りに行く方法だ。次に延長コードか何か長いものを一方のロープの端に結んでそこを持ったまま、もう一本のロープを取りに行く方法がある。三番目は片方のロープを手に持ち、長い棒か何か道具を使ってもう一本のロープをたぐり寄せる方法だ。たいていの人がこの三つの方法をわりと簡単に思いついた。だが四番目、すなわち片方のロープを振り子のように揺らしておいて、もう一方のロープを取りに行くという方法を思いついたのは数人だった。ほとんどの人は三番目を思いついたあとで途方に暮れてしまった。マイアーは彼らを椅子に座らせて10分間考えさせたあと、何も言わずに窓のところへ歩いていき、途中でさりげなく一本のロープをかすめて揺らした。するとほとんどの人は突然「あ、そうか！」と言い、四番目の方法を思いつく。だが、どのように答えを思いついたのか説明するように求めても、正しく答えたのは一人だけだった。マイアーはそのときのことを次のように記している。

彼らはこんなふうに答えた。『ただ頭に浮かんだ』『この方法しか残っていなかった』『ロープに重りをつけたら揺れると気づいた』『たぶん物理学の授業で習ったことを思い出したのだ』『ロープをここまで持ってくる方法を考えていたら、揺らすしかないことに気づいた』。ある心理学の教授は次のように報告した。『ほかの方法がすべて出尽くしてしまい、あとはロープを揺らす方法しかなかった。船に揺られながら川を渡る場面や、サルが身体を揺すりながら木の枝を渡る姿が思い浮かんだ。そういうイメージが湧くと同時に思いついたんだ。それしかなかった』

彼らは嘘をついたのだろうか？

ヒントをもらうまで問題を解けなかったことが恥ずかしかったのだろうか。そうじゃない。ヒントが遠回しすぎて、無意識のレベルでしか気づかなかったのだ。閉じた扉の奥で処理されたので、説明を求められると、もっともらしい答えで取り繕ってしまった。

閉じた扉の恩恵は大きいが、このような犠牲も払うことになる。とりわけ、無意識から生まれた思考について説明を求めたときは、答えが返ってきても慎重に解釈する必要がある。恋愛に関してなら私たちはこのことをよく理解している。どういう相手と恋に落ちるかは、言葉ではうまく説明できない。だから、どういう相手に魅力を感じるかについて頭で思っていることを、実際につきあって確かめてみるのだ。また、テニスやゴルフ、あるいは楽器を習うには、ただ説明してもらうだけでなく、上手な人に実演してもらうほうがわかりやすいものだ。言葉での説明には限界があるので、お手本を見せてもらい、頭ではなく体で覚える。

だが、もっと日常的な場面ではどうだろう？

閉じた扉の奥のミステリアスな判断を軽視し、あと知恵で妙な理屈をつけてはいないだろうか。私たちは往々にして、説明できそうにないことにも説明を要求する。そしてこれから本書で見ていくように、そのように求めることが重大な結果を招くこともある。

心理学者ジョシュア・アロンソンは言う。「(殺人罪に問われた元フットボールの人気黒人選手)O・J・シンプソンの無罪が決まったあと、陪審員の一人がテレビに出て、『人種のことは私の判断をまったく左右しなかった』と胸を張って答えていた。でもどうして断言できるのだろう？　人種に関するプライミングとテスト結果についての私の実験や、待たされた人が相手を中断するかどうかを調べたバージの実験、ロープを使ったマイアーの実験の結果を見れば、人は自分の行動に何が影響を及ぼしているかに気づかないどころか、気づいていないという事実をほとんど自覚していないことがわかる。私たちは気づいていないという事実を認めて、もっと頻繁に『わからない』と発言するべきだ」

マイアーの実験にはもうひとつ有意義な教訓がある。被験者が答えに窮し、悔しい思いをしたということだ。部屋に10分も座らされて、大事なテストで不合格になったと感じ、頭が悪いからさらし者にされているのだと思った人がたくさんいたに違いない。だが彼らは頭が悪かったわけではない。心が二つあっただけだ。意識の心が邪魔されている間、無意識の心が部屋を眺め、可能性をふるい分け、考えられる限りの手掛かりを処理した。そして答えを見つけた瞬間に、黙って確実に解決策へと導いてくれた。

第3章

見た目の罠

第一印象は経験と環境から生まれる

アメリカ史上最悪の大統領

一八九九年のある日の早朝、オハイオ州リッチウッドにあるグローブ・ホテルの裏庭で、二人の男が靴を磨いてもらっていた。一人は州都のあるコロンバス出身の弁護士兼ロビイスト。名前をハリー・ドハティといい、がっしりした体格、赤ら顔にまっすぐな黒髪の男で、ずば抜けた才能の持ち主だ。権謀術数にたけた優秀な黒幕で、政治の流れや人物を鋭く見抜く力があった。もう一人は同じ州のマリオンという小さい町から来た新聞編集者で、ちょうど一週間後にオハイオ州議会議員の選挙で当選することになるウォーレン・ハーディングだ。ドハティはハーディングを見るなり彼の容姿に参った。ジャーナリストのマーク・サリバンがそのときのことを書いている。

ハーディングの姿をひと目見ておいて損はない。当時彼は三五歳前後で、均整のとれた頭、目鼻、肩幅、胸板は人目を引き、単にハンサムという言葉で言い表せない印象を見る人に与えた。のちに彼がよそでも名を知られるようになると、彼の姿を形容するのに「ローマ人のような」という言葉がたびたび使われることとなった。演台を下りるときのすらりと伸びた脚が身体と見事に調和して、足取りの軽さ、姿勢のよさ、くつろいだ様子が容姿の魅力や男らしさをいっそう引き立てた。身のこなしがしなやかなだけでなく体格も立派で、大きくて燃えるような左右の目、濃い黒髪、よく日に焼けた顔はインド人の端整な顔立ちを思わせた。自分の席をほかの客に譲る気遣いに、万人に対する紛れもない優しさが現れていた。声はひときわよく通り、男らしく、暖かみがある。靴磨きがほこりを払っているときに見せた満足そうな表情には、田舎町の男には珍しい身だしなみへの気配りが感じられる。チップを渡すときのしぐさには物惜しみしない気立てのよさと、健康な肉体と優しく誠実な心を合わせ持つ者だけが示せる、相手を喜ばせようとする余裕が伝わってくる。

その瞬間、ハーディングを品定めしていたドハティの頭に「この男は素晴らしい大統領になるのではないか」という考えが浮かんだ。のちに、アメリカ史に汚点を残すことになった考えである。ウォーレン・ハーディングはとりたてて聡明でもなかった。ポーカーとゴルフ、それに酒が好きで、特に女には目がなく、好色ぶりは語りぐさになっていた。ある地位から別の地位へと政界の階段を上りながらもけっして目立たなかった。政策に関してはあいまいで態度がころころ変わった。一度など彼の演説は「もったいぶった言葉を並べているが、何を言いたいのかわからない」と酷評されたことがある。一九一四年に連邦議会の上院議員に当選したときは、当時最大の政治問題だった女性の参政権と禁酒法に関する討論会を欠席した。オハイオ州というローカルな政界から徐々に出世していったが、それは妻フローレンスの後押しと策士ハリー・ドハティのお膳立てがあり、歳を取るにつれて人目を引く顔立ちがますます魅力を増したからだ。一度あるパーティで支持者の一人が、「なにせあいつは上院議員らしく見える」と叫んだ。まったくその通りだった。

ハーディングの伝記を書いたフランシス・ラッセルは、中年に差しかかる頃には彼の「黒い立派な眉は鉄灰色の髪に映えて、力強い印象を与えていた。がっしりした肩と日に焼けた顔は健康そのものだった」と書いている。ハーディングは古代ローマの衣装をまとい、『ジュリアス・シーザー』の舞台に立つこともできただろうとラッセルは書いている。

一九一六年の大統領選に向けた共和党の党大会で、ドハティはハーディングが演説するように段取りをした。彼の姿を目にし、よく響く堂々とした声を聞きさえすれば、もっと上に行く価値のある男だと誰もが納得すると信じていたのだ。一九二〇年、ドハティはハーディングの意向を無視して、大統領選に出馬するよう彼を説き伏せた。ドハティはふざけていたわけではなく、大まじめだった。

サリバンは次のように書いている。「二人が出会って以来、ドハティはハーディングが『素晴らしい大統領』になるはずだという考えをひそかに持ち続けていた。ときどき無意識に『素晴らしい風貌の大統領』と言うこともあったが、こちらのほうが当たっていた」

ハーディングがその夏の共和党大会で名乗りを上げたのは、六人の大統領候補の最後だった。それでもドハティは気にしていなかった。党大会は二人の有力候補の間で行き詰まり、ドハティが予測したとおり、もう一人別の候補を立てる必要に迫られた。土壇場にきて、いかにも良識と威厳と大統領に求められる資質を備えていそうな男に、当然のように人々の目が向かった。早朝、シカゴにあるブラックストーン・ホテルのタバコの煙のたちこめる部屋に集まった共和党の幹部らは途方に暮れて、全員が納得する候補者はいないものかと考えた。その瞬間に一人の男の名前が浮かんだ。

ハーディングだ。彼なら大統領候補らしく見えるじゃないか。そこでハーディング上院議員は大統領候補となり、その年の晩秋、地元オハイオ州マリオンを拠点に繰り広げられた選挙戦の末に大統領に当選した。そして大統領を二年務めたあと突然の心臓発作で死んだ。大方の歴史家が認めるように、彼はアメリカ史上最悪の大統領の一人である。

「輪切り」の暗い側面

これまで私は輪切りがいかに素晴らしいかを述べてきた。また輪切りを可能にしているのはある状況の表面下に瞬時に潜り込む能力であることにも触れた。トマス・ホービング、イブリン・ハリソン、そして美術の専門家らは贋作者の手の内をたちまち見抜いた。最初は愛し合っている幸せな夫婦に見えたスーザンとビルも、二人の会話をよく聞き、好意的な感情と敵対的な感情を比べてみると、違う側面が見えてきた。ナリニ・アンバディの研究は壁にかけた卒業証書や白衣に注目するだけでなく、声の調子に耳を傾ければ、その医者が訴えられるかどうかがわかることを教えてくれた。しかし素早く流れる思考の鎖が途中で邪魔されたとしたらどうだろう？　物事のうわべだけを見て瞬時の判断を下したらどうなるだろうか？

前の章でジョン・バージの実験を紹介した。この実験は特定の単語（たとえば「フロリダ」「灰色」「しわ」「ビンゴ」）が強い連想を引き起こし、単語を見ただけで行動が影響される場合があることを明らかにした。体格、スタイル、肌の色、性別など、人の外見も同じように強い連想を引き起こすようだ。

ウォーレン・ハーディングの姿を見た人の多くは、彼が素晴らしく男前で容姿がひときわ際立っていたために、なんの裏付けもないのに、勇気があり知的で誠実な男に違いないと思い込んだ。彼らはうわべしか見なかった。外見があまりに多くの情報を力強く伝えていたために、正常な思考のプロセスが途中で遮断されたのだ。

ウォーレン・ハーディングをめぐる思い違いは、瞬間的な認知の暗い側面と言える。偏見や差別の根っこには多くの場合これがある。だから特定の役職にふさわしい候補者を選ぶのは難しいし、凡人に責任の重すぎる仕事をまかせている例は意外に多い。輪切りの理論や第一印象の大事さが教えてくれるのは、人物や事物の理解においては何か月もかけた研究の結果よりもほんの一瞬の判断のほうが正しい場合もあるという事実だ。しかし、こうした瞬間的な認知が私たちを欺く場合もあることも理解しなくてはならない。

無意識の連想

このような無意識（心理学では潜在意識と言う）の連想が人の考えや行動に果たす役割に、今では多くの心理学者が注目している。彼らの研究の主たるテクニックは、潜在連想テスト（ＩＡＴ、Implicit Association Test）と呼ばれる興味深いものだ。

ＩＡＴはアンソニー・Ｇ・グリーンウォルド、マーザリン・バナジ、ブライアン・ノセクの三人が考案したテストで、一見わかりやすいが、実はかなり奥の深い観察に基づいている。私たちはなじみのない概念の組み合わせよりも頭の中ですでにつながっている概念の組み合わせを、はるかに短時間で結びつける。どういうことか例を示そう。

下に単語のリストがある。単語の左か右に印をつけて、それぞれの名前がどちらのカテゴリーに属するか示してほしい。正しいほうを指差すだけでもいい。あまり時間をかけてはいけない。単語を飛ばしてもいけない。ただし間違えても構わない。

男　性	女　性

ジョン
ボブ
エイミー
ホリー
ジョーン
デレク
ペギー
ジェイソン
リサ
マット
サラ

簡単だ。「ジョン」「ボブ」「ホリー」は男に決まっている。少くともキリスト教圏の人間なら、ジョンは男で、リサは女という先入観がきっちりできている。

しかし、ここまでは小手調べだ。次に本物のIATをやってみよう。先ほどのテストと似ているが、今度はまったく違う二つのカテゴリーを混ぜる。今度も単語の左右に印をつけて、どちらに属するか示してほしい。

男性 または職業	女性 または家族

リサ
マット
洗濯物
企業家
ジョン
商店主
ボブ
資本家
ホリー
ジョーン
家
会社
きょうだい
ペギー
ジェイソン
台所
家事
親
サラ
デレク

ちょっと難しく感じた人が多かったかもしれない。それでもわりと短い時間で正しく分類できたはずだ。では次はどうだろう……

男性 または家族	女性 または職業

赤ん坊
サラ
デレク
商店主
雇用
ジョン
ボブ
ホリー
家庭の
企業家
オフィス
ジョーン
ペギー
いとこ
ジェイソン
家
リサ
会社
マット

どこが違うかわかるだろうか？　ひとつ前のテストよりかなり難しかったはずだ。「職業」を「男性」ではなく「女性」と組み合わせてあるため、たいていの人は「企業家」を「職業」側に分類しにくかったはずだ。職業にかかわる概念は、たいてい女性よりも男性と強く結びついているからだ。「男性」と「資本家」は「男性」と「ジョン」と同じくらいすんなりつながる。だが「男性」と「家族」をひと括りにすると、「商店主」をどっちに分類するか、一瞬だが考え込む。

心理学者がＩＡＴを実施するとき、鉛筆と紙はまず使わない。たいていパソコンを使う。一度に一単語ずつ画面に表示され、現れた単語が左のカテゴリーに属するならｅをタイプし、右のカテゴリーに属するなら i をタイプする。パソコンを使えば反応を一〇〇〇分の一秒まで測定でき、測定値を得点に反映させることができる。たとえば職業と家族に関するＩＡＴで第一問より第二問のほうが少し時間がかかった人は、男性と労働の結びつきが中程度だと言える。第二問でかなり時間がかかれば、男性と労働が強く結びついているということだ。

研究の手段としてＩＡＴがよく使われるようになってきた理由のひとつに、ＩＡＴで測定できる結果がけっして小さくはないという点がある。先ほどのテストの第二問で反応が遅くなった人ならわかるだろうが、テストの結果にはショックを受ける。グリーンウォルドは説明する。「もともと結びつきが強ければ０・４から０・６秒で答えが出る。結びつきが弱いと０・２から０・３秒余計に時間がかかる。このようなテストの結果としてはかなりの差だ。認知心理学の研究者にとっては、日時計でも測れるくらいの大差と言える」

コンピュータでＩＡＴテストを受けてみたければ、ウェブサイトwww.implicit.harvard.eduに行くとよい。いくつかテストを受けられる。中でも有名なのが人種に関するテストだ。私は何度かこのテストを受けてみた。そして結果を見るたびに落ち込んだ。テストの前に人種に対する考えを聞かれる。そう答える人は多いと思うが、私もすべての人種は平等だと思うと答えた。で、テストが始まる。てきぱきと答えるように指示される。まず予行演習だ。数枚の顔写真がパソコンの画面に続けて現れる。黒人だったら e をタイプして左のカテゴリーに分け、白人だったら i をタイプして右のカテゴリーに分ける。考えなくてもできる。次に第一問が始まる。

ヨーロッパ系 アメリカ人 または悪	アフリカ系 アメリカ人 または善

傷つける
凶悪
輝かしい
（黒人の写真）
（白人の写真）
素晴らしい

単語はまだ続く。たちまち調子がおかしくなる。単語と顔写真を正しく分類する作業が急に難しくなるのだ。もたもたしているのがわかる。考えないと答えが出てこない。思いもしないほうに分類してしまうこともある。精いっぱいやろうとするが、頭の中では悔しさばかりが募る。「善」と「アフリカ系アメリカ人」を組み合わせると、なぜ「輝かしい」とか「素晴らしい」という単語をすんなり「善」に分類できないのだろう。あるいは「悪」と「ヨーロッパ系アメリカ人」を組み合わせると、なぜ「凶悪」を「悪」に分類するのをためらうのだろう。次に第二問が始まる。今度はカテゴリーが入れ替わる。

ヨーロッパ系 アメリカ人 または善	アフリカ系 アメリカ人 または悪

傷つける
凶悪
輝かしい
（黒人の写真）
（白人の写真）
素晴らしい

悔しさはさらに募る。今度は問題なく答えられるのだ。

凶悪？　「アフリカ系アメリカ人または悪」だ。

傷つける？　これも「アフリカ系アメリカ人または悪」素晴らしい？　「ヨーロッパ系アメリカ人または善」

私はこのテストを四回受けた。そして自分の醜い偏見が消えることを願った。だが結果は同じだった。これまでにテストを受けた人の八〇％以上が「白人」を善とする連想をしている。つまり、「黒人」のカテゴリーに悪い意味の単語を入れるのは簡単だが、よい意味の単語を入れるには手間取るのだ。私の結果はそれほどひどくなく、「無意識に白人をよく思う傾向が中程度」と診断された。もっとも、私には黒人の血が流れている（私の母はジャマイカ人だ）。

無意識な態度が意識的な価値観を裏切る

とすると、この結果は何を意味しているのか？　私は人種を差別する、自分を好きになれない黒人だとでも言うのだろうか？　そうではない。このテストが示しているのは、人種や性別といった事柄に対する人の態度には二段階あるということだ。ひとつは意識的な態度、すなわち自分で選んだ信念。はっきりと表明した価値観であり、人はこの価値観に基づいて、よく考えて行動する。南アフリカのアパルトヘイト政策やアメリカ南部でアフリカ系アメリカ人の投票を難しくしていた法律は意識的な差別の現れだ。人種差別とか公民権を求める戦いについて語る場合はふつうこのような差別をさす。だがＩＡＴが測定するのはこれとは別の態度だ。第二の段階、すなわち人種に対する無意識な態度であり、考える間もなく自動的に生じる瞬時の連想を測定する。人は無意識な態度を頭で考えて選ぶわけではない。1章で書いたように、そのことに気づくことさえないかもしれない。無意識という巨大な体内コンピュータは、私たちが体験したこと、会った人、学んだ教訓、読んだ本、見た映画などから得たあらゆるデータを黙々と処理して意見を形づくる。それがテストの結果に現れるのだ。

このテストには気になる点がある。私たちの無意識な態度は、表明した意識的な価値観とまったく違うかもしれないということを示しているからだ。たとえば人種のテストを受けた五万人のアフリカ系アメリカ人のうち、約半数は私と同様、白人寄りの反応を示すことがわかった。当然だ。私たちは北米に住んでいて、白人を善と結びつける文化的なメッセージに日々さらされている。ハーバード大学で心理学を教え、IATを使った研究のリーダーの一人でもあるマーザリン・バナジは言う。「人が支配的なグループとの肯定的なつながりを選ぶのではない。そうではなく、そのように求められているのだ。周囲では支配的なグループが常に善と結びついている。新聞を開いてもテレビをつけても、そこから逃れられないようになっている」

IATは単に態度を抽象化する手段ではない。特定の無意識の状況で人がどのように行動するかを予測する有力な手段でもある。たとえば白人を善とする結びつきが強いと、黒人の前での行動に影響が現れることが明らかになっている。意識的な発言や感じ方、行動が変わるわけではない。白人と一緒のときと行動が違うことにもまず気づかないだろう。だがあまり前に身を乗り出さなかったり、相手から身体を少しずらしたり、身体をかばい気味にしたり、表情がちょっと固くなったり、目を合わせる回数が減ったり、少し離れて立ったり、あまり笑顔を見せなかったり、口ごもったりどもる回数が増えたり、冗談を言われてもあまり笑わないといったことが起こる。そんなことどうでもいいじゃないか？　そうはいかない。

就職面接の場面を考えてみよう。求職者は黒人だ。彼が面接官のためらいや距離感を感じたとする。すると不安になって、自信をなくし、好意的に振る舞えなくなるかもしれない。するとどうなるだろう。求職者に求められる資質が欠けていると思われるかもしれないし、すましていると思われるかもしれない。本当は仕事が欲しくないんじゃないかと思われるかもしれない。要するに、無意識に抱く第一印象のせいで、面接は思わぬ方向に進み、救いようがなくなるのだ。

求職者の背が高い場合はどうだろう。意識のレベルでは、背の高さで対応が変わることはないはずだ。だが特に男性の場合、背の高さが無意識に肯定的な連想を引き起こすことを示す証拠は多い。私はアメリカの大手企業上位五〇〇社の約半分にアンケートを配り、各社のCEOについて質問したことがある。誰も驚かないだろうが、大企業のトップは圧倒的に白人男性が多かった。ある種の潜在的な偏見を反映した結果であることは間違いない。それだけでなく、ほぼ全員背が高かった。調査した男性CEOの平均身長は一八二センチほどだった。アメリカ人男性全体の平均は一七五センチだから、それより七センチ高い。だがこれだけでは事の重大さがよくわからない。アメリカの全男性のうち身長が一八二センチを超える人は約一四・五％だが、調査した企業のCEOの中では五八％だ。さらに驚いたことに、一八八センチ以上の男性はアメリカ全体では三・九％なのに対し、

CEOでは三分の一近かった。

企業のトップに女性やマイノリティが少ない理由はそれなりに説明できる。長い間、差別や文化がからむさまざまな事情で、アメリカ企業の経営幹部に昇進できる女性やマイノリティは多くなかった。だから、役員会がリーダーにふさわしい経験を持つ人材を探しても、出世コースに乗った女性やマイノリティが少ないというわけだ。だが背の低い人はこれに当てはまらない。大企業が白人男性だけ雇うことはできても、背の低い男性を排除するわけにはいかない。背の高い人だけでは足りないからだ。なのに小柄な重役は少ない。何千万人もいる身長一六八センチ以下のアメリカ人男性のうち、調査した企業でCEOに昇進したのはわずか一〇人だった。小柄な男性は女性やアフリカ系アメリカ人と同じくらい、企業で昇進するのが難しいのかもしれない（例外はあって、アメリカン・エキスプレスのCEOケネス・シュノールトの身長は一七五センチと低く、しかも黒人だ。外見に関する思い込みを二つも克服するとはたいした人物に違いない）。

背の高い人をわざとえり好みしているのだろうか？　もちろん違う。背が低いという理由でCEO候補から外すようなことはないだろう。これは紛れもなくIATの結果に現れる類の無意識の偏見だ。ほとんどの人はまったく気づかずに、リーダーとしての能力と立派な体格を自動的に結びつけている。リーダーの容姿はこうあるべきという固定観念が強すぎて、イメージ通りの人を見るとほかの部分は見えなくなってしまうのだ。なにも重役選びに限ったことではない。膨大な数の一般人の人生行路を追跡した四件の大掛かりな調査データを分析したところ、年齢、性別、体重といった変数を補正した場合、身長二・五センチは一年間の給料七八九ドルに相当することがわかった。すなわちほかの条件を一定にした場合、身長一八二・五センチの人は一六五センチの人より平均で年間五五二三ドル多く稼ぐということだ。身長と給料の研究に関する論文の著者のひとりティモシー・ジャッジは「働く年数を三〇年として計算すると、背の高い人は実質何十万ドルも得をすることになる」と指摘する。会社や組織で権限のある役職についている凡人が多いことを不思議に思ったことはないだろうか？　最も重要な役職であっても、人を選ぶときの判断基準は意外に不合理だ。背の高い人を見ると私たちはつい見とれてしまうのだ。

トップセールスマン成功の秘密

ニュージャージー州フレミントンにある米国日産ディーラーで、ボブ・ゴロムという男が車の販売員をしている。五〇代の小柄な男で、黒髪は薄くなりかけ、メタルフレームの眼鏡をかけている。地味なダークスーツを着て、銀行マンか証券マンみたいだ。一〇年以上前に自動車販売に携わるようになって以来、平均して月二〇台の車を売ってきた。普通の販売員の倍以上だ。机の上には金の星が五つ並んでいる。彼の成績をたたえてボスから贈られた記念品だ。自動車セールスの世界で彼は有名人だ。

ゴロムのようにセールスで成功するには輪切りの能力がおおいに求められる。初対面の人が店に入ってくる。人生で最初の高い買い物をしようとしているのかもしれない。不安そうな客もいれば緊張ぎみの客もいる。欲しい車が決まっている客もいれば、まったくあてのない客もいる。車に詳しくて、物知り顔で話す販売員に気分を害する客もいる。一方、大きな買い物に恐れをなして、親切に教えてくれる販売員を頼ってくる客もいる。販売員として成功したければ、こういう情報を全部集め、夫婦や父娘でやってきた客の関係を見きわめ、適切に行動する必要がある。しかも、客に会ってから短時間ですべての情報を処理しなければならない。

ボブ・ゴロムはそのような輪切りを難なくやってのける。物静かで用心深い聡明さを備え、礼儀正しい。思いやりがあり、よく気がつき、人の話を聞くのがうまい。どのように振る舞うときでも彼は簡単なルールに従っていると言う。すなわち「一にも二にも、お客様を大切に」だ。彼から車を買うと、翌日電話がかかってくる。車の調子を尋ねるためだ。店に来ただけで車を買わなかった客にも、翌日電話をして、店に立ち寄ってくれたことに礼を言う。「いつもとびきりの笑顔でお客様を迎えます。たとえ嫌なことがあってもそんなことは忘れないと。家で大変なことがあっても、お客様には最高の状態で接するのです」と彼は言う。

ゴロムに会ったとき、彼は分厚いバインダーを取り出した。満足した客から送られてきた手紙の束が綴じてあった。「どの手紙にも思い出があります」。すべての客のことを覚えているようだ。ファイルをめくって、たまたま目についたタイプ打ちの短い手紙を見せた。「一九九二年十一月下旬の土曜日の午後。夫婦でした。うつろな表情で店に入ってきたんです。『一日中車を探していらしたんですか？』と聞くと図星でした。どの店でもまともに相手にしてもらえなかったのです。結局彼らは車を買ってくれたのですが、商品の在庫は六四〇キロ離れた町にしかありませんでした。それでもすぐに取り寄せたら、二人はとても喜んでくれました」。次の手紙を示す。「この男性には一九九三年以来もう六台も車を売りました。新しく車を買うたびにこうして手紙をくれるんです。そのようなお客様はたくさんいらっしゃいます。こちらの男性は六四キロ離れたニュージャージー州キーポートに住んでいて、私に帆立貝の料理をごちそうしてくれました」

だがゴロムの成功にはこれ以外にもっと重要な理由がある。もうひとつ、とても簡単なルールに従っているのだ。客の求めているものや心理状態についてはいくつも瞬時に判断を下すけれど、客を見た目で判断することは絶対にしない。店を訪ねてくる客はみな同じように車を買ってくれる可能性があるとみなす。

「この商売で人の判断を早まるのは禁物です」と彼は何度も繰り返し、そのたびに確信に満ちた顔つきになった。「そんなことをしたら命取りになりかねません。誰に対しても最善を尽くすのです。新米の販売員は客を一目見て『この男は車を買えそうにない』なんてことを言いますが、そういうのは最低です。一見お金がなさそうでもお金持ちということがあるからです。お客様に酪農家の方がいて、これまでに何台も車を買っていただきました。握手をして話が決まると、私に一〇〇ドル札を渡して『農場まで運んでくれ』と言うんです。発注書さえ交わしません。牛の糞にまみれたつなぎ姿のその人を見たら、とても車を買いそうに見えないでしょう。でも実際は現金で一括払いです。あるいは、二〇歳前の若い子が来ると無視する販売員もいます。その日遅い時間にその子が両親を連れて戻ってきて、どの車にするか決めたとしても、別の販売員と契約するでしょう」

ゴロムが言おうとしているのは、ほとんどの販売員は典型的な「ウォーレン・ハーディング大統領をめぐる思い違い」をしやすいということだ。人に会ったときの見た目の第一印象のせいで、事前に集めたほかの情報の印象が薄れてしまうのだ。一方ゴロムはもっとよく客を見ようとする。アンテナを伸ばして、自信家かそうでないか、車に詳しいか何も知らないか、人を信用しやすいか疑い深いかを見きわめようとする。ただし、そうした瞬時の判断から外見のみに基づく印象は消しておく。ウォーレン・ハーディングをめぐる思い違いと戦おうとしたところに、彼の成功の秘密があるのだ。

「カモ」と思われやすい客

ボブ・ゴロムの戦略が成功したのはなぜか？　あまり認められていないが、自動車販売業ではウォーレン・ハーディングをめぐる思い違いが幅を利かせているようだ。一例として、一九九〇年代にシカゴの法学教授イアン・エアーズが行った注目すべき社会学の実験を見てみよう。

彼はまず三八人の協力者を集めた。内訳は白人男性一八人、白人女性七人、黒人女性八人、黒人男性五人。全員の見た目をできるだけ近づけた。みな二〇代半ばでまずまず魅力的だ。全員に地味な普段着を着せた。女性はブラウスとストレートのスカートにフラットシューズ。男性はポロシャツかボタンダウンのシャツにスラックス、靴はローファー。また全員に同じ経歴を言わせた。彼らはシカゴにある合計二四二軒のカーディーラーを訪ね、自分は大卒で専門職（たとえば銀行のシステムアナリスト）についていて、シカゴの高級住宅地に住んでいると話した。店での行動についてはもっと細かく指示した。店に入り、販売員が近づいてくるのを待ってから「この車を買いたいんだけど」とショールームでいちばん安い車を差して言う。次に、最初の提示額を聞いてから、値引き交渉を始め、相手がこちらの言い値を飲むか、値引きを断るまで続けさせた。ほとんどの場合、交渉は四〇分ほど続いた。エアーズの狙いは、ほかの条件を揃えたとき、販売員が示す車の価格に肌の色や性別がどう影響するかを調べるという、きわめて具体的な疑問に答えることだった。

驚くべき結果が出た。白人男性が最初に示された価格はメーカーからの仕入れ値の七二五ドル増しだった。白人女性の場合は九三五ドル増し、黒人女性は一一九五ドル増し、黒人男性にいたっては一六八七ドル増しだった。四〇分の値引き交渉のあとでも、黒人男性は平均で仕入れ値の一五五一ドル増しまでしか値が下がらなかった。白人男性が最初に示された価格より七〇〇ドル以上高かった。

これをどう解釈すればいいのだろう？　シカゴの自動車販売員は平気で人を差別する視野の狭い人間ばかりなのだろうか。まさかそんなはずはない。自動車販売業では、だまされやすい客を見つけて店の車の窓に表示した価格で車を売り、レザーシートやサウンドシステム、アルミホイールなどのオプションをつければ、大胆に値切ってくる客六人に売るのと変わらない手数料を稼げる。だからカモをつかまえたいという誘惑は大きい。彼らは表示価格で車を買う客のことを「手堅い客」

と呼ぶ。この実験結果を、販売員はみな一様に女性と黒人を「手堅い客」とみなしたのだと解釈することもできる。白人男性以外の客を見て「何も知らないお人よしの客が来たぞ。金をふんだくってやれ」と考えたのかもしれない。

だがこの説明はあまり説得力がない。この実験では、黒人も女性も「何も知らないお人よし」ではないことを示す明らかな証拠（大卒で専門職についているという経歴）を伝えていたからだ。立派な職業につき、高級住宅地に家がある。服装も知的だ。四〇分も値引き交渉を続けられるだけの知力もある。なのになぜ、黒人と女性はカモ扱いされたのか？

この実験に意識的な差別が現れているとすれば、シカゴのセールスマン全員がとんでもない差別主義者か、さもなくば愚鈍で顧客の資質を見抜けなかったということになる。しかし、どちらもありそうにない。それよりも、何かもっと微妙なことが起きているのではないだろうか。経験、自動車販売業界の常識、ほかの販売員から聞いた話など理由はともかく、彼らの中で手堅い客と女性やマイノリティが自動的に強く結びついているのではないだろうか？　人種のＩＡＴテストで何百万人ものアメリカ人が「凶悪」や「犯罪」という単語を「アフリカ系アメリカ人」と結びつけたように、この二つの概念を頭の中で無意識に結びつけていて、女性や黒人が店に入ってくるなり直感的に「カモ」だと考えるとしたらどうだろう？

販売員らは意識的なレベルでは人種と男女の平等にひとかたならぬ関心を持っているかもしれない。そのうえで、客の性格をうまく読み取って価格を示したのだと悪びれずに言い張るかもしれない。だが客が店に入ってきた瞬間に下した判断は、これとは違う種類のものだった。無意識の反応だ。客の性別と肌の色という一目でわかる事実を黙って拾い集め、それと矛盾する新しい証拠がいくら示されても、最初の判断を変えなかったのだ。

一九二〇年の大統領選で投票した人々と同じだ。彼らはウォーレン・ハーディングを一目見ただけで早合点し、そこで考えるのをやめてしまった。このときは投票者の思い違いがアメリカ史上最悪の大統領を生んだ。車の販売員たちは女性や黒人に法外な価格を示したために、もっと安ければ購入を決めたかもしれない客を逃してしまった。

ゴロムはすべての客を平等に扱おうとした。人種や性別、外見ですぐさま判断することがどれだけ危険か知っていたからだ。汚れたつなぎを着た風采のあがらない酪農家の男性が、実は大農場を経営する大金持ちということもあるし、若者があとから両親を連れてくることもある。黒人の若者がハーバード大学のビジネススクールを出ていることもあるし、小柄な金髪の女性が家族全員の車の決定権を持っているかもしれない。銀髪で肩幅が広く、細面の紳士が実はつまらない男かもしれない。だからゴロムは「手堅い客」を見つけようとはしない。どの客にも同じ価格を示す。一台でたくさん稼ぐよりも、数を売って稼ぐ。公平な販売員という評判が広まり、彼の取引きの三分の一は満足した客が紹介してくれた客で成り立っている。

「見ただけで『この人は車を買いそうだ』とわかりますか？」とゴロムは聞いてくる。「よほど勘がよくないとそんなことできません。私には無理です。まったく当てがはずれることもありますよ。

小切手帳を見せびらかして、『今日中に車が欲しいんだ。値段さえ希望通りならすぐに買うよ』と言うような人は、十中八九買いませんね」

第一印象を操作する

ウォーレン・ハーディングをめぐる思い違いにはどう対処すればよいのか？　黒人は白人と同じ水飲み場で水を飲んではいけないという明文化された法律があるなら、法律を改めればいい。だが無意識の差別は、そう簡単に解消できない。一九二〇年に投票した人々は、ウォーレン・ハーディングの外見にだまされたとは思っていなかった。シカゴの車の販売員が女性やマイノリティをごまかそうとしていることや、役員会が背の高い男をえり好みしていることに気づいていないのと同じだ。意識の外で起きていることをどうやって正せばよいのか？

実を言えば、第一印象の前で私たちはまったく無力なわけではない。第一印象は無意識、すなわち脳の閉じた扉の奥から生じるものかもしれないが、意識の外にあるからといって操作できなくはない。

たとえば人種のＩＡＴを何度も受けて、瞬時に答えられない項目にもっと速く反応しようと努力しても、結果が変わらないのは事実だ。だがテストの前にマーティン・ルーサー・キングやネルソン・マンデラ、コリン・パウエルといった立派な黒人の写真を見せたり、記事を読ませると、不思議なことに反応に要する時間は変わる。黒人と肯定的な事柄をすんなり結びつけられるのだ。ＩＡ

Tの考案者バナジが言う。「毎日ＩＡＴを受ける学生がいた。大学に来るなりテストを受けて、帰るときにデータを持ち帰っていた。ある日彼の中で黒人と肯定的な事柄が結びついた。その学生は『おかしいですね。今までまったく変わらなかったのに』と言っていた。私たちはＩＡＴの得点をなんとか操作しようとしたが、できなかった。しかし、その学生は陸上競技の選手で、その日の朝、オリンピックのレースを見てきたと言っていた」

第一印象は経験と環境から生まれる。つまり第一印象を構成する経験を変えれば、第一印象を生む輪切りの方法を変えられるのだ。

あなたが白人で、あらゆる面で黒人に平等に接したいと考えていて、白人と肯定的な事柄を結びつけているように、黒人と肯定的な事柄を結びつけたいなら、ただ平等に接しようと努力するだけではだめだ。生活を変えて、常にマイノリティと接し、一緒にいてうちとけられるようになり、彼らの文化のよい面に親しむ必要がある。そうすれば彼らと会ったり、彼らを雇ったり、デートしたり、話したときに、気後れや気まずさを感じて自分に裏切られることもない。瞬間的なひらめき「第1感」のパワーを認め、結果はさておき第一印象が日々の生活に及ぼす影響力を認めるからには、そうしたパワーを管理し、操作するために積極的に行動する必要がある。

次章では第一印象と瞬時の判断を受け入れた人々についての、三つの実話を紹介する。成功した人もいれば、そうでない人もいる。だがどの例にも共通している点がある。「輪切り」の素晴らしいパワーを理解し、利用するうえでまたとない教訓を与えてくれるのだ。

第4章

瞬時の判断力

論理的思考が洞察力を損なう

史上最大規模、最もお金のかかった軍事演習

ポール・バン・ライパーは細身で背が高く、頭はきれいにはげ上がり、金縁眼鏡をかけている。肩をいからせて歩き、威圧的なしわがれ声で話す。愛称はリップ。彼と双子の弟が一二歳のとき、車の中で父親が新聞で朝鮮戦争の記事を読んでいた。そして「戦争はじきに終わるぞ。トルーマンが海兵隊を送り込むそうだ」と言った。これを聞いて、彼は大人になったら海兵隊に入ろうと決めた。

初めてベトナムに赴任したときは、サイゴン郊外の水田で北ベトナム兵に機関銃で攻撃されて、危うく命を落とすところだった。一九六八年にベトナムに戻ったときは第一海兵師団第七海兵連隊第三大隊、通称「マイク・カンパニー」の指揮官となり、南ベトナムの水田と丘陵地の続く田舎の、海兵隊員が「ドッジ・シティ」「アリゾナ・テリトリー」と呼ぶ二つの危険な地域で戦った。このときの任務はダナンに撃ち込まれる北ベトナムのロケット弾を阻止することだった。そこにたどり着くまでに彼が偵察していた地域は週に一、二度ロケット弾の攻撃を受けていた。だが彼が密林地帯にいた三か月間に攻撃を受けたのは一度だけだった。

「初めて彼に会ったときのことは昨日のことのように覚えている」と語るリチャード・グレゴリーはマイク・カンパニーの一等軍曹だった。

「ダナン南東の第五五高地と第一〇高地の間だった。彼と握手した。低音から中音まで幅のある歯切れのいい声だった。率直で簡潔で自信に満ちた飾り気のない物言い。それは戦場にいる間ずっと

変わらなかった。戦闘地域にある小屋に彼の仕事部屋があったが、そこにいるところは見たことがない。いつも戦場か掩蔽壕（えんぺいごう）で、次の作戦を練っていた。何か思いつくたびにポケットの紙きれに書き留めて、会議になると何枚も紙きれを取り出すのが常だった。一度ジャングルで川のそばに一緒にいたとき、彼はある場所を偵察したいと言った。だが思うように見通しがきかなかった。藪が邪魔してたんだ。すると彼は靴を脱いで川に飛び込み、中ほどの浅瀬まで泳いでいって、歩いて下流を見に行ったよ。驚いたね」

一九六八年十一月第一週、マイク・カンパニーはもっと大規模な北ベトナムの連隊と激しく戦った。「一度負傷兵を運ぶために輸送ヘリコプターを呼んだ。ヘリが着陸しようとしたとき、北ベトナム軍がロケット弾を撃ち込んできて、指揮所にいた全員が死んだ」。そう話すのは小隊長だったジョン・メイソンだ。

「一瞬にして一二人の海兵隊員が消えた。まずい状況だった。三、四日後にそこを出たが、死傷者の数は四五人ほどになっていた。それでも目的地にはたどり着いた。第五五高地に戻った翌日、分隊の作戦を立て、点呼を取った。そして、信じられないことに体操が始まった。まだ若い中尉だった私は、まさか茂みの中で体操するとは思わなかった。小隊や分隊の作戦行動や銃剣の訓練が始まったのも驚きだった。しかもそれが日課だ。戦闘のあとで短い小休止があってまた訓練さ。リップはそんなふうにして隊をまとめていた」

バン・ライパーは厳しかったが公平だった。戦争をよく研究していて、戦闘で部下がどう動くべきかよくわかっていた。「彼は怖いもの知らずだった」とマイク・カンパニーの別の元兵士は言う。「机の向こうに座ったまま命令するんじゃなくて、前線に出て指揮をした。いつも強気だったが、彼の言うことならみんな喜んで従った。あるとき、夜の待ち伏せに向かうと、隊長から無線が入った。一二一人の北ベトナム兵がこっちに向かっていて、それを阻止しろと言うんだ。『隊長、ここには九人しかいないんです』と答えたら、なんなら役立たずの部隊でも送ろうかという返事が返ってきた。彼はそういう人だ。一二一人の敵がそこまで迫っていて、迎え撃つのが九人だとしても、自分たちでどうにかしろと言うんだ。隊長が指揮すると敵は必ず敗退した。彼は『自分だけ助かればいい』というタイプじゃなかった」

二〇〇〇年春、バン・ライパーはペンタゴンの上層部から連絡を受けた。彼は長年の輝かしい業績を残して、とっくに引退していた。しかしペンタゴンは「ミレニアム・チャレンジ'02」という演習の計画に取りかかったばかりだった。史上最大規模で最も金のかかった演習だ。二年半後の二〇〇二年七月から八月初旬にかけて演習が実行に移されたときには、二億五〇〇〇万ドルの費用がかかっていた。国によっては年間の防衛費に相当する額だ。

ミレニアム・チャレンジは、ならず者の軍司令官がペルシャ湾岸の某国政府に反旗をひるがえし、地域全体を戦争に巻き込もうとしているというシナリオを用意していた。この司令官は宗教と民族意識を盾に確固たる権力基盤を築き、四つのテロ組織をかくまい、彼らに資金を提供していた。彼はアメリカを憎悪していた。ミレニアム・チャレンジで、この司令官役に起用されたのがポール・

バン・ライパーだ。まさに適役、いや見方によっては最悪の配役だった。

ならず者司令官がコンピュータを破る

米軍の作戦演習を行うグループはジョイント・フォース・コマンド、略してＪＦＣＯＭという。バージニア州サフォークのうねった私道の奥に建つ二棟の目立たない低いビルにＪＦＣＯＭは入っていた。ワシントンＤＣから南東に車で数時間走った場所だ。駐車場の入口の手前、公道からは隠れて見えない場所に警備員のいる小さい小屋があり、周囲には金網のフェンスが張り巡らしてある。向かいはスーパーだ。中はごく普通のオフィスビルに見える。会議室があり、小部屋がいくつか並んでいて、カーペットのないよく光る長い廊下がある。だがＪＦＣＯＭの任務は普通ではない。ここはペンタゴンが軍の組織についての新しい構想を試し、これまでとは違う戦略を実験する場だ。

新しい演習の計画が本格的に始まったのは二〇〇〇年夏だ。ＪＦＣＯＭは軍事評論家や専門家やソフトウェアのプロを大勢集めた。演習ではアメリカとその同盟国を青チーム、敵を赤チームと呼ぶ。ＪＦＣＯＭはそれぞれのチームについて包括的な一覧表を作成し、味方の兵力や敵の兵力について把握すべき情報をすべて盛り込んだ。演習が始まる前の数週間に、赤チームと青チームの軍隊は一連の予備演習を行い、両軍が戦略的に対峙（たいじ）する状況を作った。ならず者の司令官はますます好戦的になり、アメリカはいっそう不安を募らせていた。

七月下旬、両チームはサフォークに集まり、ＪＦＣＯＭの建物の本館一階にある、試験室と呼ばれる窓のないだだっ広い部屋に演習室を設けた。全米各地の基地から集まった海兵隊、空軍、陸軍、海軍の部隊が待機して、両チームの上層部からの指示を待った。青チームがミサイルを発射したり飛行機を離陸させたりすると、実際にミサイルが発射され、飛行機が離陸することもあった。実演がともなわない場合は四二台のコンピュータのうちのどれかが動きを忠実にシミュレートするので、演習室にいる者にはこれが実戦でないとはわからないほどだった。演習は二週間半続いた。あとで分析するために、会話はすべてモニターし、録音された。また、撃った弾、発射したミサイル、配備した戦車をすべてコンピュータで記録した。ただの実験とは思えないほど大掛かりだった。一年もしないうち、このシナリオそっくりの司令官のいる中東の国をアメリカが攻撃したことからわかるように、これは実戦に向けた本式の予行演習だった。

ミレニアム・チャレンジ演習の公式の目的は、戦争に向けた革新的な構想をペンタゴンが試すというものだった。一九九一年の「砂漠の嵐作戦」で、アメリカはクウェートに駐留するサダム・フセインの軍隊を完全に撤退させた。だがこのときの戦争は従来とまったく変わらなかった。組織立った重装備の軍隊が広い戦場で向かい合って戦ったのだ。砂漠の嵐作戦を終えて、ペンタゴンはこのような戦争がやがて時代遅れになると確信した。純粋な軍隊どうしの戦闘でアメリカに正面切って向かってくるほど敵もばかではない。将来の戦いはもっと分散するはずだ。戦場だけでなく市街地でも戦闘が起き、武器だけでなくアイデアで戦うようになり、軍隊だけでなく文化や経済をも巻き込むことになるだろう。

ＪＦＣＯＭのある分析官はこう語っている。

「次の戦争はただの軍隊と軍隊のぶつかり合いではなくなるだろう。破壊した戦車、沈めた船、撃ち落とした飛行機の数を競い合う時代は終わった。勝敗はいかに敵のシステムを叩きのめすことができたかで決まるようになる。高い戦闘能力ではなく、高い作戦能力を追求する必要がある。軍隊は経済制度とつながっており、経済制度は文化の仕組みや人間関係とつながっている。このようなシステムどうしのつながりを理解しなければならない」

そこで、青チームはおそらく史上最強の知的リソースを与えられた。ＪＦＣＯＭは「オペレーショナル・ネット・アセスメント」と呼ばれる仕組みを編み出した。これは正式な意思決定ツールで、敵を軍、経済、社会、政治といったシステムに分けておいて、これらのシステムが互いにどのように関連し合い、システム間のつながりのうちどこが最も脆弱かを示す表を作成した。青チームの司令官には「実績ベースの作戦」という最新ツールも与えられた。戦闘状況をリアルタイムで表示する包括的な地図「ＣＲＯＰ（Common Relevant Operational Picture）」や合同で計画を立案するための対話型ツールもあった。政府のあらゆる部署から前例のないほど多くの情報提供を受け、論理的・体系的・合理的で厳密な方法論を与えられた。ペンタゴンは提供できるあらゆる手段を提供したのだ。

ＪＦＣＯＭ司令官ウイリアム・Ｆ・カーナン将軍は演習が終わったあとで、ペンタゴンが行った記者会見で報道陣に次のように語った。「われわれは政治、軍隊、経済、社会、文化、制度など、敵の環境に影響を及ぼすにはどうすればよいかを徹底的に洗い出し、すべてを総合的に検討した。政府の諸機関は、敵の能力を妨げることのできる手段をすでに備えている。敵国のコミュニケーション能力、国民に力を与え、国家の意思を操る能力を混乱させて、国を骨抜きにすることは可能だ」。二〇〇年前にナポレオンは言った。「将軍だからといって、確信を持って何かを知っているとか、敵がよく見えるということはなく、自分がどういう状況にいるかさえよくわからないものだ」。戦いは霧の中で行われていたのだ。ミレニアム・チャレンジの目的は高性能の人工衛星と探知機とスーパーコンピュータを最大限に活用すれば、その霧は晴らせると示すことだった。

だから、敵対する赤チームの最高司令官にポール・バン・ライパーを起用したのは、いろんな意味で正解だった。なぜなら彼は、そのような立場とはまったく正反対の考えの持ち主だったからだ。彼は戦場の霧など晴らせるはずがないと考えていた。

バージニア州の自宅にある彼の書斎には計算理論と軍事戦略に関する本が何冊も並んでいる。ベトナムでの体験やドイツの軍事理論家カール・フォン・クラウゼヴィッツの著書を読んで、戦争は本質的に先が見えず、めちゃくちゃで、連続性のないものだと確信するようになった。一九八〇年代に演習に参加したときは、軍の政策に従って、JFCOMがミレニアム・チャレンジで実験したような分析的で体系的な意思決定を行うように求められたが、うんざりした。時間がかかりすぎたからだ。彼はこう語っている。「あるとき演習の真っ最中に師団長が『ちょっと待ってくれ、敵の居場所を確かめよう』と言うんだ。演習が始まってから八、九時間たっていて、敵はすでに私たちに遅れをとっていた。最初の計画通りには行かなかった」

バン・ライパーは合理的な分析をことごとく嫌っていたわけではない。戦闘のさなかにはふさわしくないと考えていただけだ。戦っているときは戦争の行方は見えないし、時間に追われているときに代案をじっくり比べているわけにはいかないのだ。

一九九〇年代前半、バン・ライパーはバージニア州クァンティコの海兵隊学校で校長をしていたときに、ゲリー・クラインという男と親しくなった。クラインはオハイオ州でコンサルタント業を営み、意思決定に関する傑作である『決断の法則：人はどのようにして意思決定するのか？』（トッパン、一九九八年）という本を書いていた。彼は看護師、集中治療室を担当する医者、消防士といった、重圧の中で判断を下さなければならない人々について研究した。その結論のひとつが、専門家は判断を下すとき、あらゆる代案を論理的かつ体系的に比べているわけではないというものだった。判断はそんなふうに下すものだと教えられるが、実際にはそれでは時間がかかりすぎる。クラインが調査した看護師や消防士は経験と直感、そして頭の中での大ざっぱなシミュレーションをもとに、瞬時に状況を見きわめて行動していた。バン・ライパーにはこのほうが戦場での判断のしかたをより正確に表しているように思えた。

二人は一度好奇心から、海兵隊の将軍を一〇人ほど連れてニューヨークのマーカンタイル取引所を訪ねたことがある。バン・ライパーは「戦時の軍指揮所以外でこれほどの修羅場は見たことがない、ここから何か学べそうだ」と思った。取引き終了のベルが鳴ると、将軍たちはトレーディングフロアに下りていき、商品取引きのゲームをした。その後、彼らは数人のトレーダーをウォール街から連れ出して、ニューヨーク港の沖にあるガバナーズ島の米軍基地に行き、コンピュータで作戦演習をした。トレーダーたちの戦いっぷりは見事だった。演習では極度の重圧にさらされ、限られた情報をもとに次から次へと果敢に決断を下していかなければならない。もちろんトレーダーは職場で一日中、似たようなことをしているわけだ。

次にバン・ライパーはトレーダーたちをクァンティコに連れていき、戦車に乗せて実弾演習をさせた。そのとき、この「太りぎみでだらしない長髪の」男たちと海兵隊の将軍たちは、基本的に同じような仕事をしているのだということが彼にはよくわかった。違うのは一方は金を賭け、もう一方は人の命を賭けているという点だけだ。「トレーダーと将軍が初めて会ったときのことは覚えている」とゲリー・クラインは言う。「カクテルパーティだった。そのときの光景には驚いた。二つ星、三つ星の徽章（きしょう）をつけた将軍が勢ぞろいしていたんだ。海兵隊の将軍はニューヨークになんてめったに出て来やしない。そしてトレーダーもいた。二〇代から三〇代のぶしつけなニューヨーカーたちだ。部屋を見回すとあちこちに二、三人のグループができていて、どこも両方のメンバーが混じっていた。別に気を遣っていたわけじゃない。会話ははずんでいた。意見を交し、意気投合していた。そこで私は思った。この男たちは根っから気が合うらしい。互いに敬意を払っているようだとね」

つまり、ミレニアム・チャレンジではただ二つの軍隊が戦っただけでなく、対立する軍事哲学が衝突したのだ。青チームは敵の思惑や能力を体系的に理解するために、データベースや表や方法論を用意した。対する赤チームを指揮したのは彼らと正反対で、だらしなく勘だけが頼りの長髪のトレーダーに共感をおぼえ、彼らが大声で注文をさばき、毎日いくつもの判断を次々に下していくのを見て、自分と同じだと思うような男だ。

演習の初日、青チームは何万もの兵力をペルシャ湾に送り込み、赤チームの祖国の沖合に空母艦隊を配備した。軍事力を最大限に誇示したうえで、青チームは八項目からなる最後通牒をバン・ライパーに突きつけた。全滅したくなければ降伏せよ、である。彼らの確信に満ちた振る舞いは、「オペレーショナル・ネット・アセスメント」の表が赤チームの弱点や予測される次の行動、彼らにどのような代案があるかを教えてくれていたからだ。だが、バン・ライパーはコンピュータの予測通りには動かなかった。

青チームは敵のマイクロ波中継塔を破壊し、光ファイバーのケーブルを切断した。そうすれば衛星通信と携帯電話を使わざるをえなくなり、通信を傍受できると踏んだのだ。

バン・ライパーは回想する。「彼らは赤チームを驚かしてやろうと話していた。まさか。並の知識があればそんな技術に頼らない手を考えるさ。青チームはそうは考えなかった。アフガニスタンでオサマ・ビンラディンがどんな目に遭ったか知っていれば、携帯電話や衛星通信など使うはずがない。私たちはバイク便を出したり祈りの言葉にメッセージを隠して連絡を取り合った。『パイロットと管制塔が交信せずにどうやって飛行機を離陸させたのか』と聞くから、『第二次世界大戦のことを覚えているかね？　照明を使うんだ』と教えてやった」

青チームは敵の行動を簡単に読めると思っていたが、ここへきて怪しくなってきた。赤チームの次の出方がわからない。バン・ライパーは大規模な兵力を前に恐れをなして降参するはずではなかったか。

しかし彼は諦めない。二日目、彼はペルシャ湾に小型船の船団を配備して、青チームの船を追跡させた。次に警告もなく、一時間に及ぶ巡航ミサイルの一斉攻撃で敵の船を襲った。赤チームの急襲が終わったときには一六隻の米軍艦艇が海に沈んでいた。これが実戦だったら、米軍は一発の弾も撃たないうちに二万人の兵力を失っていたことになる。

「赤チームの司令官である私のそばで、青チームが先制攻撃に出る話をしているのが聞こえたんだ。そこでこっちから先に攻撃をしかけたんだ。敵の船が何発の巡航ミサイルを迎え撃てるか計算して、それを超える数のミサイルを陸海空さまざまな角度から撃ち込んだ。敵艦の半分は沈んだはずだ。沈めたい船に狙いを定めた。空母に巡洋艦、六隻いた揚陸強襲艇のうち五隻は沈めた」

それからしばらくの間、その日に起きたことについてＪＦＣＯＭの分析官がさまざまな説明を試みた。演習の進め方を間違えたのだと言う者もいれば、船は実際には演習のときほどもろくないと言う者もいた。だがどう説明しようと青チームの作戦が大失敗に終わった事実は変えようがなかった。ならず者の司令官はならず者らしく行動した。反撃に出たのだ。だが青チームはそれに驚いた。ある意味でゲッティがクーロス像を評価したときに犯した失敗によく似ていた。彼らはあらゆる不測の事態を想定して、合理的で厳密で徹底した分析を行ったにもかかわらず、直感で拾い出せたはずの事実を見落としていた。あのときペルシャ湾で、赤チームでは瞬間的な認知パワーが働いたが、青チームでは直感が働かなかった。なぜなのか？

即興芝居にみる高度な判断

ある土曜の夕方、即興芝居のコメディ劇団「マザー」がマンハッタンのウェストサイドにあるスーパーの地下小劇場で舞台に立った。感謝祭のすぐあとで雪が降っていたにもかかわらず、満席だった。マザーは女性三人、男性五人の八人組で、全員二〇代から三〇代。舞台には白い折りたたみ椅子が六脚あるだけだ。彼らは即興芝居の世界で「ハロルド」として知られる芝居を演じることになっていた。配役も決めず、筋書きも用意せずに舞台に上がり、観客がその場で思いついたリクエストに応じて、ろくに打ち合わせもせずに三〇分の寸劇を演じるのだ。

メンバーの一人が客席に向かってリクエストを求めると、「ロボット」という声がした。ただし即興芝居では、客のリクエストを文字通りには受け入れない。このときは一番手の女優ジェシカが「ロボット」という言葉を聞いて、感情的な孤立とテクノロジーが人間関係に及ぼす影響のことを頭に浮かべた。

彼女はすぐに舞台に進み出て、ケーブルテレビの請求書を見ている場面を演じた。舞台にはもう一人男性がいて、ジェシカに背を向けて椅子に座っている。二人が話し始める。彼はまだどんな役を演じているのかわかっていない。ジェシカにも観客にもわかっていなかった。だが二人は夫婦だということがなんとなくわかってくる。妻はケーブルテレビの請求書にポルノ映画の料金を見つけてあわてる。一方、夫はそれを一〇代の息子のせいにする。そして激しいやりとりのあと、さらに二人の役者が舞台に走り出てきて、同時進行でまったく違う役柄を演じる。一人は壊れそうな家庭を救おうとする心理学者だ。別の場面では男性が怒って椅子にどさりと座り込み、「やってもいないことで留置場入りだ」とつぶやく。夫婦の息子だ。途中で台詞をどもったり、口ごもったり、途方に暮れる役者は一人もいない。何度もリハーサルしたみたいに芝居はスムーズに運んだ。台詞や演技がしっくりこないこともあるが、すごく面白い場面が多く、客は楽しそうに大笑いしていた。それに最初から最後まで客の心を捉えて離さない。八人の役者が何の準備もなく舞台に上がり、見ている人の目の前で芝居を作り上げたのだ。

即興喜劇では、台本や筋書きなしに、役者がとっさにきわめて高度な判断を下す。それで、見ている者は思わず引き込まれてしまう。そら恐ろしいパワーだ。普通の芝居には、たいてい決まった構成がある。台詞も動作も全部台本に書いてあるし、リハーサルもする。演出家が演技指導もしてくれる。もう一度観客の前で演じてほしいと頼んでみよう。ただし今度は台本もなければ、どんな役を演じ、何を話せばよいかもわからない。しかも面白くないといけない。焼けた炭の上を歩くほうがましだと思うだろう。即興芝居の恐ろしいところは、まったく行き当たりばったりで、無秩序に見える点だ。舞台に立ってその場ですべて考えないといけないのではないかと思う。

だが実際は、行き当たりばったりでも無秩序でもない。たとえばマザーのメンバーと少し話をしてみれば、彼らが思ったほどひょうきん者でもなければ、衝動的で気ままなコメディアンでもないことがわかるだろう。真剣そのものの役者もいれば、芝居にしか興味のなさそうな役者もいる。彼らは毎週集まって長時間リハーサルをする。公演が終わるたびに舞台裏に集まって、お互いの演技を冷静に批判しあう。

なぜそんなに練習するのか？　即興芝居はいくつかのルールが支配するひとつの芸術だからだ。舞台の上で全員がそのルールを守れるように確認しておく必要がある。「僕たちのしていることはバスケットボールによく似ている気がする」とメンバーの一人は話す。うまい喩えだ。バスケットボールは瞬時の自発的な判断を立て続けに下す、複雑で動きの速いゲームだ。だがそのような自発性は、組織立った反復練習をチームの全員が何時間もこなしたあとでないと生まれない。シュート、ドリブル、パス、ランニングといった動きを何度も練習して完成させ、コートではよく考えて割り当てられた役割を果たすことに同意しなければならない。即興芝居でもこの点が重要だ。また、これはミレニアム・チャレンジの謎を解く鍵でもある。すなわち「自発的行動とは行き当たりばったりの行動ではない」

ポール・バン・ライパー率いる赤チームは青チームより頭と運がよかったからペルシャ湾で勝てたのではない。重圧にさらされた動きの速い状況で、瞬時の認知によっていかに正しい判断を下せるかどうかは、訓練とルールとリハーサルで決まる。

即興芝居を可能にしているルールのうち、特に重要なのは「同意」だ。物語やユーモアを創作する場合、登場人物がその場で起きたことをすべて受け入れると、やりやすくなる。即興芝居の劇場を創設したキース・ジョンストンは書いている。「ここでちょっと自分や自分の大事な人に起きてほしくないことを考えてみたまえ。すると、舞台や映画で演じる価値のあることを思いつく。レストランに入るなり顔にカスタードパイが飛んできたらいやだし、おばあさんの車椅子が崖っぷちに向かって転がっていくのも見たくない。でも私たちはそのような場面の出てくる芝居や映画を金を出して見に行く。しかし実生活では、私たちはそうしたことが起こらないようにする。だからこそ、即興芝居はその逆を行く。ここのところを理解すれば「天才的」な即興役者になれる。下手な役者は、演技力はあっても物語を止めてしまう。うまい役者は物語を進める」

次に掲げるのは、ジョンストン門下の二人の役者が披露した掛け合いである。

A「脚の調子が悪いんです」
B「切らないといけないな」
A「先生、それはやめてください」
B「なぜだね?」
A「脚がかわいくて、離れられないんです」
B「(やる気なさそうに)おいおい」

Ａ「腕にもはれ物ができてるんですけど」

これでは二人とも立ち往生だ。話を先に進めることができない。役者Ａは気の利いた冗談を言った（「脚がかわいくて、離れられないんです」）。でも次につながらない。そこでジョンストンは二人をさえぎって問題を指摘した。役者Ａは「合意のルール」に違反したのだ。相手の提案を断って、「先生、それはやめてください」と言ってしまった。

そこで二人はもう一度やり直した。その前に、相手の台詞に同意することを再確認した。

Ａ「ギャーッ」

Ｂ「どうしたんだい」

Ａ「脚を診てください、先生」

Ｂ「ひどいね。切断したほうがいいな」

Ａ「前に先生が切った脚ですよ」

Ｂ「木の義足が痛むと言うのかね」

Ａ「そうなんです」

Ｂ「なぜだと思う？」

Ａ「まさか木食い虫じゃないでしょうね」

Ｂ「そのとおりだよ。被害が広がらないうちに取ってしまわないと」

（Ａの椅子が崩れる）

Ｂ「おやおや、椅子まで食われてしまったよ」

先ほどの二人だ。演技力は変わっていないし、まったく同じ役柄を演じている。出だしもほとんど同じ。だが、最初の掛け合いはオチがなかったが、二度目では話が広がっている。簡単なルールに従うことで、二人の芝居は面白くなった。

ジョンストンは次のように書いている。「うまい役者の即興芝居は、まるでテレパシーが通じているみたいだ。あらかじめ打ち合わせてあったみたい。相方の台詞をけっして否定しない。ふつう、人はそんなふうに行動しないものだ」

次に即興芝居のもう一人の創始者デル・クロースのワークショップの例を紹介しよう。泥棒が警官に追われる場面を演じている。

警官「（あえぎながら）おい、おれはもう五〇でいささか太り気味だ。ちょっと止まって休まないか？」

泥棒「（あえぎながら）止まったところで捕まえようってんじゃないだろうな」

警官「約束するよ。ちょっとだけ休もう。三つ数えたら休むぞ。一、二の三」

この掛け合いを面白く演じるには特別な才能が必要なのだろうか？　そんなことはない。なんということのない会話だ。それでも「相手の言うことを否定しない」というルールを守っているから面白い。正しい枠組みさえ作れば、優れた即興芝居に必要な、無理なく流れるような思いつきの会話がいとも簡単に出てくる。

ポール・バン・ライパーはミレニアム・チャレンジでこのことを理解していた。彼は部下を舞台に上げ、面白い会話が出てくるようにと祈っていただけでなく、正しい自発的行動が取れるような条件を整えていたのだ。

言語が情報を書き換える

ポール・バン・ライパーが初めて東南アジアを訪れ、南ベトナム兵の指導教官として密林地帯に入ったとき、たびたび遠くで爆撃音が聞こえた。当時、彼はまだ中尉で戦闘経験が浅かったので、最初のうちは音がするたび戦場にいる部隊に無線で連絡して、状況を確かめようとした。だが数週間すると、相手にも状況はわかっていないらしいと気づいた。それはただの爆撃音にすぎず、何かの前触れだとしても、何の前触れかまではわからないのだ。そこで人に聞くのはやめた。二度目にベトナムを訪れたときは、爆撃音が聞こえるとしばらく何もせずに待った。「腕時計を見たよ。５分は何もせずに待つためだ。助けが必要なら大声で叫ぶだろうし、５分して状況が落ち着いたら、やはり何もしない。部下に状況を把握させて、対処させる。無線で呼び出しても私を安心させるようなことしか言わないし、それを鵜呑(うの)みにして動いたらミスにつながりかねない。彼らの気をそらすことにもなる。それまで地上の動きを見守っていたのに、急に空を見上げるだろう。状況を見きわめようとしているのを邪魔することになる」

バン・ライパーはこのときの教訓を活かして赤チームを指揮した。その際、彼は部下に「指示は出すが諸君の行動を支配はしない」と伝えていた。経営コンサルタントのケビン・ケリーが言いそうなせりふだ。「つまり、全体的な指示や作戦の目的は私を含む指揮官が伝えるが、戦場に出た部隊は上からの細かい指示を当てにするな、ということだ。前線の部隊はみずからの責任で、頭を使って前に進まなければならない。だから赤チームの空軍司令官も、この原則に従って青チームを殲(せん)滅(めっ)すべく、自分なりの作戦を考えて実行した。私は彼に、具体的に何をしろとは言っていない。ただ目的を示しただけだ」

戦闘が始まると、バン・ライパーは部下に反省を求めなかったし、長い会議もやりたがらなかった。説明も要求しなかった。「部下には青チームが使っているような言葉を使うなと命じた。普通の会話でならともかく、『効果』という言葉は聞きたくなかった。『オペレーショナル・ネット・アセスメント』という言葉もうんざりだ。そういう機械的な手順には一切かかわりたくなかった。代わりに私たちは部下の知恵と経験と優れた判断力を活用しようとしたんだ」

このような管理体制には確かに危険がともなう。部隊の次の行動を常に把握していることはできない。すなわち、部下を心から信頼する必要がある。彼も認めるように、判断を下す方法としてはいささか「やっかい」だ。だが欠点を補う圧倒的な長所がひとつあった。いちいち自分の行動を説明しなくても動けるということが、即興芝居の合意のルールと同じように働いた。瞬間的な認知が可能になったのである。

簡単な例で説明しよう。この前レストランに行ったとき料理を運んでくれたウェイターかウェイトレスの顔を思い浮かべてみてほしい。バスに乗ったとき隣に座った人の顔でもいい。初対面の人なら誰でもいい。警察での面通しでその人を当ててほしいと言われたら、できるだろうか？　たぶんできるだろう。人の顔を思い出すという行為は無意識の認知のわかりやすい例だ。考える必要はない。顔がすっと浮かぶ。だが紙とペンを持って、その人の見た目の特徴をできるだけ詳しく書き留めてほしいと言われたらどうだろう。顔立ちはどうだったか？　髪の色は？　どんな服を着ていたか？　アクセサリーはつけていたか？　その後面通しをすると、不思議なことに今度はその人の顔をちゃんと言い当てられない。何もしなければ問題なかったはずの顔を見分けるという能力が、顔の特徴を説明すると弱まる。

このような現象について率先して研究してきた心理学者ジョナサン・W・スクーラーは、これを「言語による書き換え」と呼ぶ。脳には言葉で考える左脳と視覚で考える右脳がある。顔を言葉で説明すると、視覚的な記憶が言葉に置き換わり、思考が右脳から左脳に追いやられてしまう。だから二度目の面通しでは、どんなふうに「見えた」かではなく、どんなふうに見えると「言った」かの記憶を引き出す。ここが問題だ。私たちは人の顔に関する限り、言葉で説明するより視覚的に認識するほうがずっと得意だ。マリリン・モンローとアインシュタインの写真を見せたら、どちらもすぐ見分けられるだろう。二人の顔が頭の中でほぼ完璧に「見える」はずだ。だが言葉で正確に説明するとしたらどうだろうか。マリリン・モンローの顔について、人にわかるように文章で説明できるだろうか。人の顔については誰もが直感的な記憶に頼る。しかしその記憶を言葉で説明するよう求めたとたんに、記憶は直感から切り離されてしまう。

顔を見分けるという行為は特殊な作業かもしれない。だが言語による情報の書き換えは、もっと広範な問題解決のプロセスにも影響を及ぼす。たとえば、次のなぞなぞを考えてみてほしい。

ある男性と彼の息子がひどい交通事故に巻き込まれた。父親は亡くなり、息子は救急治療室に運び込まれた。病院に着くなり、治療に当たった医者はその子を見て息を飲んだ。「うちの子だ！」。さてこの医者は誰か。

これは洞察力を試すなぞなぞだ。紙と鉛筆を使い、筋道に沿っていけば解ける数学や論理学の問題とは違う。答えは、医者＝男という思い込みを捨てた瞬間にひらめく。そう、医者は男とは限らない。この医者は負傷した男の子の母親だったのである。もうひとつ、洞察系のなぞなぞを解いてみよう。

逆さにした巨大な鉄のピラミッドが頂点で見事にバランスを保っている。少しでも動かせば倒れてしまう。その下には一〇〇ドル札がある。ピラミッドを倒さずに紙幣を取り去る方法は？

少し考えてみよう。そして一分ほど考えたら、自分がどう考えたか、思い出せる限りできるだけ詳しく書き出してほしい。戦略、アプローチ、思いつきなど、なんでもいい。スクーラーが洞察系のなぞなぞばかり集めて実験したところ、言葉で説明させたグループは、説明を求めなかったグループより、正解率が三〇％も低かった。考えを書き出すことで、答えを見つけるために必要な瞬間のひらめき、第１感が著しく損なわれたからだ。ウェイトレスの顔を言葉で説明するとあとで、面通しをしても識別できないのと同じだ（ちなみに、ピラミッドを倒さないためには紙幣を破るか燃やすかすればいい）。

論理的な問題なら、説明を求めても答えを出す能力は損なわれない。それが役に立つことさえある。だが瞬時の洞察力を要する問題だとそうはいかない。「スポーツの世界では、分析していたら運動能力が麻痺するという。考えていたら体が動かない。流れが失われるのだ。そこには流動的で直感的で言葉にできない、微妙な部分があるのだ」とスクーラーは言う。人間は洞察力や直感を飛躍的に高めることができる。人の顔を記憶に留めることができるし、なぞなぞを一瞬で解くことができる。だが、これらの能力はどれも非常にもろいものだとスクーラーは考える。洞察力は電球と違って、自分の意思でつけたり消したりできない。風が吹いただけで消えてしまうロウソクの火のようなものだ。

意思決定のプロセスを研究しているゲリー・クラインは、クリーブランドの消防署長にインタビューしたことがある。難しい判断を瞬時に下さなければならなかった場面について、専門職の人々に話を聞くプロジェクトの一環だった。署長から聞いたのは、昔、彼が副分隊長だった時代にかかってきた一見ありふれた火事の通報の話だった。火事は平屋の住宅の裏手にある台所で起きた。彼は部下とともに玄関の戸を突き破り、ホースを設置した。そして「放水準備完了」の声とともに、台所の炎に向けて放水が始まった。これでふつうは火は鎮まるはずだが、そうはならなかった。そこでもう一度放水した。火の勢いはまだ衰えない。彼は台所の入口から居間に下がった。そのとき、ふと思った。何か変だ。そして部下のほうを振り向き、「すぐに外へ出ろ！」と叫んだ。みんなが外に出た瞬間、さっきまで立っていた床が抜け落ちた。火元は地下室だったのだ。

「彼はなぜ部下に外に出るように命じたのかわからないと言った。テレパシーだと信じていた。大まじめでそう言うんだ。彼にはテレパシーの能力があって、そのおかげで消防士になってからずっと守られてきたと思い込んでいた」とクラインは言う。

クラインは人の判断力について研究していて、博士号も持っている。知的で思慮深いクラインは、そのような答えを受け入れるわけにいかなかった。そこでそれから二時間、消防署長に当日の出来事を繰り返し語らせて、彼が知っていたことと知らなかったことを細かく書き留めた。「まず、火が思うように鎮まらなかった点がある」。台所の火は放水で鎮まるはずだったが、変化がなかった。「次に彼らは居間に下がった。火の温度を知るために彼はいつも耳覆いを上げていて、このときは火があまりに熱いので驚いたと言う。台所の火事ならそこまで熱くなるはずがなかった。『ほかに何かなかったですか』と聞いてみた。専門知識のある人なら、その場に何が欠けているかにも気づくものだ。彼は炎がやかましくないことにも驚いたと言う。静かだったのだ。炎の温度のことを考えるとおかしかった」

あとから考えれば異状はどれも説明がつく。台所に放水しても火が鎮まらなかったのは、火元がほかにあったからだ。静かだったのは床が音をさえぎっていたからだ。居間が熱かったのは火事が真下の部屋で起きていて、熱が上がってきたからだ。だがそのとき彼はこれらの事実を意識的につなげたわけではない。すべて無意識という閉じた扉の奥で考えた。状況を輪切りにした見事な例だ。消防士の体内コンピュータは混乱のさなかに、一瞬で難なくパターンを見つけ出したのだ。だが何より驚くのは、少し遅ければ大惨事になっていたという点だ。難問を前にしたリーダーによく求められるように、副分隊長が部下に相談したり、状況について話し合って原因を考えようと言い出したりしていたら、彼らの命を救った洞察力は損なわれていたかもしれない。ミレニアム・チャレンジで青チームが犯した間違いはまさにこれだ。

青チームのシステムは司令官が状況について議論し、何が起きているか突き止めることを求めた。目の前の問題が理詰めで解決できる場合はそれでいい。しかし、バン・ライパーの取った行動は論理の流れから外れていた。青チームはバン・ライパーの通信を傍受できると考えていたが、彼はバイク便でメッセージを伝えた。バン・ライパーは飛行機を飛ばせないはずだったが、照明灯を使うという誰も覚えていないような第二次世界大戦中の方法を使った。青チームの巨大な艦隊が待つペルシャ湾に、小型の快速魚雷艇をたくさん送り出した。前線の指揮官たちは、待ってましたとばかり先制攻撃を開始した。そのとき青チームはありふれた「台所の火事」だと考えたが、実はいつもの公式にまったく当てはまらない事態が起きていた。洞察力で問題を解かなければならないときに、洞察力を失っていたのだ。

「青チームは長い間話し合っていた」とバン・ライパーは言う。「政治情勢を見きわめようとしていた。矢印が上を向いたり下を向いたりしているグラフを使っていたよ。おいおい、戦ってる最中に何やってるんだ、と思ったね。略語をいくつも並べていた。国家権力の要素である外交(diplomatic)、情報(imformational)、軍事(military)、経済(economic)の四つの単語の頭文字をとってDIME。彼らは青チームのDIMEについてしょっちゅう話していた。政治(political)、軍事(military)、経済(economic)、社会(social)、インフラ(infrastructure)および情報機器(information instruments)でPMESIというのもあった。それで、われわれのDIMEと敵のPMESIとかいうわけのわからん話をするわけだ。黙らせたかったよ。『いったい何の話だね。形式や表やコンピュータのプログラムに熱中しすぎて、身動きが取れなくなってるじゃないか』とね。手順やプロセスにばかり目が行って、全体を見ようとしなかった。問題をばらばらにしてしまうから意味が見えなくなる」

演習に参加したＪＦＣＯＭ高官の一人ディーン・キャッシュ少将は、のちに次のように認めている。「オペレーショナル・ネット・アセスメントは全体を見てすべてを把握するための手段となるはずだった。だが明らかに失敗だった」

ＥＲの危機――心臓発作を見分ける確率

シカゴの繁華街から西に二マイル行ったところにあるウェスト・ハリソン通りに、二〇世紀初期に建てられたはなやかなデザインの横長の建物がある。一〇〇年近くの間ここにクック・カウンティ病院があった。世界初の血液銀行が開設され、コバルト治療の先駆けとなった病院だ。切断された四本の指の縫合手術を成功させたことがあり、有名な心的外傷センターがある。銃で負傷した周辺のギャングの治療に忙しい。テレビドラマ『ＥＲ：緊急救命室』のモデルになった病院として知られる。だが、この病院は一九九〇年代後半に、ある壮大なプロジェクトに着手していた。胸の痛みを訴えて救急室に運ばれてくる患者の診察方法を根本的に変えようという試みである。病院がどういう理由で、またどのようにしてそれを実行したかを見れば、ポール・バン・ライパーの予想外の勝利を理解するのに役立つ。

クック・カウンティ病院の大実験は一九九六年に始まった。ブレンダン・ライリーという優秀な男がシカゴに来て、病院の医局長についた一年後だ。ライリーが引き継いだ病院はひどい状態だった。市内で最大の公立病院ゆえ、健康保険に加入できない貧しい市民の駆け込み寺と化していたからだ。病室は満員で、人手は足りない。ただ広いだけの病室は時代遅れで、個室はなく、ベッドの間には薄いベニヤ板の仕切りしかなかった。食堂も患者専用の電話もなく、廊下のはずれに公衆電話が一台あるきりだった。人手がないのでホームレスの男を訓練し、実験室での検査を手伝わせたという話も伝わっている。

ある勤務医が言う。「昔は夜中に患者を診察したいと思っても、明かりのスイッチがひとつしかなかった。スイッチをつけると病室全体が明るくなるんだ。七〇年代中頃になって、ようやくベッドごとに明かりがついた。エアコンもなく、大きな扇風機があった。すごい音がしたよ。周りではいろんな警官が見張っていた。刑務所から患者が運ばれてくるからだ。ベッドに縛りつけられた囚人を見かけたこともある。患者がテレビやラジオを持ち込んで、音が鳴り響くと、ほかの患者が廊下に集まってきた。まるで夏にポーチに夕涼みに出てくるみたいにね。廊下にはトイレが一か所しかなかった。だから患者は点滴の器具を引きずって廊下を行ったり来たりするんだ。ナースコールのブザーはあったが、看護師が足りないからブザーはいつも鳴りづめだ。そんな中で患者の心臓や肺に聴診器を当ててるんだ。ひどかったね」

ライリーが初めて医者として勤めたのはダートマス大学の医療センターだ。ニューハンプシャー州のなだらかな丘の上にある風通しのよいきれいな最新式の病院で、資金もたっぷりあった。しかしウェスト・ハリソン通りの病院は別世界だった。「初めてここに来た九五年の夏、シカゴを熱波が襲い、何百人も死者が出た。もちろん病院にエアコンなどなく、室内の体感温度は華氏一二〇度（摂氏四九度）だった。患者はそんな環境でもなんとか生きようとしていた。私はまず病院の管理者の一人を引っ張ってきて、病室に立たせた。８秒しかそこにいられなかったよ」

ライリーの前には難問が山積みだった。だが特に助けを必要としていたのは救急科だ。この病院に来る患者のほとんどは医療費を払えないから、たいてい救急車で運び込まれてくる。抜け目ない患者は午前の早い時間に来て、昼食と夕食を腹いっぱい食べていく。廊下には診察を待つ長い列ができ、病室はすし詰め状態だった。急患として受け入れる患者は年間二五万人に達していた。

「救急科を通り抜けるのさえ大変なことも多かった。担架が床に重ねてあるんだ。どうしたら彼らの世話ができるかでいつも悩んでいた。具合の悪そうな患者は入院させないといけないが、そこで困ったことになる。金のない病院ならではの問題だ。どの患者が何を必要としているかをどうやって決めるのか？　最も助けを必要としている患者に必要なものを割り当てるにはどうすればよいのか？」

患者の多くは喘息を患っていた。シカゴはアメリカで特に喘息の患者が多かった。そこで彼はスタッフとともに喘息患者を手際よく治療するための特別な方法を考案した。ホームレスを治療するプログラムも考えた。

だが、心臓発作の患者をどうやって治療するかというのが最初から最も重要な課題として上がっていた。救急科に運ばれてくる患者のうち、心臓発作のおそれがあるのは一日平均約三〇人だった。

この三〇人がベッドや看護師や医者を必要以上に独占し、ほかの患者よりも長く病院に滞在した。だから胸の痛みを訴える患者には金がかかる。治療の時間と手間もかかる。それでいて、本当に心臓発作かどうかは怪しいのだった。

　患者は胸を押さえて入ってくる。看護師は血圧を測る。医師は患者の胸に聴診器を当てて、患者の肺に水が溜まっていることを示す衣擦れのような音がないか耳をすます。音がしたら心臓が血液を正常に送り出していない証拠だ。医師は患者にいくつか質問する。胸が痛み出したのはいつか？　どこが痛むか？　運動すると特に痛むか？　以前に心臓の病気を患ったことは？　コレステロール値は？　ドラッグの経験は？　糖尿病（心臓病を併発しやすい）を患っていないか？　次に技師が来て、パソコン用プリンタくらいの大きさの装置を移動式ベッドに取りつける。それからフックのついた小さいプラスチックのシールを患者の腕と胸の正確な位置に貼る。シールには電極が留めてあり、心臓の電流を測定してグラフ用紙にパターンを印刷する。心電図だ。理論上は健康な患者の心電図は山脈の輪郭のような一定のパターンを描く。心臓に問題があればパターンはゆがむ。普通は上昇するはずの線が下がったりする。ゆるやかなカーブを描いていたのが平らになったり、間延びしたり、逆にカーブがきつくなったり。そして本当に心臓発作が起きていれば、きわめて特殊でわかりやすい二通りのパターンを描くはずだ。

　ただし、ここで重要なのは「はずだ」という部分。心電図も完璧にはほど遠い。心電図がまったく正常なのに重大な問題を抱えている場合もあるし、パターンが異常でもまったく健康な場合もある。心臓発作を起こしているかどうかを正確に知る方法はいくつかあるが、酵素を使った検査が必要で、結果が出るのに時間がかかる。救急室で苦痛に顔をゆがめる患者と向き合い、ほかにも大勢の患者が順番を待っているときにそんな余裕はない。そこで患者が胸の痛みを訴えたら、できるだけ情報を集めて判断することになる。

問題は、そのようにして下す判断はあまり正確でないという点だ。ライリーはこの病院で改革を始めた頃に、胸の痛みを訴える患者の典型的な症例を二〇件集め、それを心臓外科医、内科医、救急室の医師、実習生といった、胸の痛みについて何度も判断を下したことのある人々に見せた。そして、二〇人のうち誰が実際に心臓発作を起こしたかを当てさせた。その結果、意見はまったく一致しなかった。答えはばらばらだったのだ。同じ患者を、ある医師は家に帰すと言い、別の医師は集中治療室に入れると答えていた。

「それぞれの患者が急性の心筋梗塞（心臓発作）を起こしている可能性と、三日のうちに生死にかかわる合併症を引き起こす確率を一〇〇段階で判断してもらった。いずれの場合も、答えはゼロから一〇〇までばらついた。とんでもない話だ」とライリーは話す。

彼らはよく考えて判断したつもりでも、実際にはあてずっぽうに近かった。当然ミスにつながる。アメリカの病院では二％から八％の割合で、患者が心臓発作を起こしていても家に帰されている。医師がなんらかの理由で問題なしと診断したためだ。しかし判断がつきにくい場合、用心しすぎて診察を誤るケースのほうが多い。心臓発作の可能性がある以上、それを無視するというリスクを犯すわけにはいかないと考えるからだ。

「患者がひどい胸の痛みを訴えて救急室に運ばれてきたとする。高齢だし、喫煙者だ。血圧も高い。原因が心臓にあると考える根拠はいくらでもある。だが診察してみると心電図は正常だ。さてどうするか？」と、ライリーは言う。「胸の痛みを訴えている患者は老人で、リスク要因をたくさん抱えている。心電図なんか当てにならん、と考えるのが普通だろう」

ところが今は、みんなが心臓発作のこわさを知っているから、少しでも胸が痛むとすぐ病院に駆け込んでくる。一方で、医療事故を恐れる医師は患者に対して安全策をとる。その結果、今や心臓発作の疑いで入院する患者のうち、実際に発作を起こす患者はわずか一〇％程度となっている。

このことはライリーにとって大問題だった。彼の病院はダートマス大学の医療センターでも裕福な私立病院でもなく、貧乏な公立のクック・カウンティ病院だ。予算は限られていた。なのに、実際には心臓発作を起こしていない患者にかける時間と金がどんどん増えていた。ここの心臓疾患集中治療室に患者一人を一泊させれば、ざっと二〇〇〇ドルかかる。しかも、たいていの患者は三日ほど入院していく。しかも、そういう患者の心臓はたいていまったく正常なのだ。こんなことで病院経営が成り立つのかと、現場の医師たちも疑問に思っていた。

「一連の改革が始まったのは一九九六年だ」とライリーは言う。「胸の痛みを訴える患者を収容するためのベッド数がとにかく足りなかった。どの患者が何を必要としているかで、たびたび口論になった」

当時、心臓疾患の集中治療室にはベッドが八床あった。中間治療室と呼ばれる部屋には一二床あったが、ここではそれほど集中的な治療は行わず、費用も一泊約一〇〇〇ドルと安い。また担当するのは心臓外科医ではなく看護師だ。だが、まだベッド数が足りない。そこで別の病室を作った。観察室といい、患者を半日ほど収容して、基本的な世話をする場所だ。

「三つめの病室を作り、使えるか様子を見ることになった。でもすぐにどの患者を観察室に入れるかでもめた。私の電話は一晩中鳴りっぱなしだった。それを判断する基準や合理的な振り分け方がないことはわかりきっていた」

ライリーは背が高く、陸上選手のようにすらりとしている。ニューヨーク市で育ち、正統なカトリックの教育を受けた。高校は男子校のリージスに通い、四年間ラテン語とギリシャ語を学んだ。その後フォーダム大学に進み、古典からヴィットゲンシュタイン、ハイデッガーまで、あらゆる哲学書を読みあさり、哲学者の道を考えたこともあるが、のちに医者を目指した。ダートマス大学で助教授として働いていた頃、外来患者を診るときに遭遇するめまい、頭痛、腹痛といった日常的な問題を体系的に扱った教科書がないことに不満を覚えた。そこで仕事のない夜や週末に八〇〇ページに及ぶ教科書を書き上げた。開業医が出会いそうな問題についての膨大な症例と診断集である。「彼はいつも違うことを研究している。哲学だったりスコットランドの詩だったり、あるいは医学の歴史だったり、テーマはさまざまだ」と友人で同僚でもあるアーサー・エバンズは言う。彼はライリーとともに胸の痛みに関するプロジェクトにかかわった。「彼はたいてい五冊の本を併行して読んでいる。ダートマス時代には長い休暇をもらうたびに小説を書いていた」

ライリーは東海岸に留まり、エアコンのきいた快適な部屋でいろんな論文を書き続けることもできたはずだ。なのにクック・カウンティ病院にやってきた。金がなくて困っている人だけが訪れる病院には、そういう人を助けたいという看護師や医者が集まってくる。ライリーもその一人だ。クック・カウンティ病院にはもうひとつ特徴がある。金がなかったから、少々大胆なことでも試すことができた。変化を求める人にとっては最高の職場である。

ライリーはまずリー・ゴールドマンという心臓外科医の研究に注目した。

一九七〇年代にゴールドマンはある数学者のグループに参加していた。数学者たちは亜原子粒子などの物質を識別するための統計上の規則を明らかにしようとしていた。ゴールドマンは物理学に興味があったわけではないが、このグループが使っていた数学の原理は心臓発作を起こしている患者を見分けるのに応用できるかもしれないと考えた。そこで彼は何百という事例をコンピュータに入力して、どのような事柄が心臓発作の予測に使われているのかを調べ、ある方程式を導き出した。これで胸の痛みを診断する際のあて推量の判断はかなり減るはずだった。心電図の結果と、ゴールドマンがアージェント・リスク・ファクター（緊急リスク因子）と呼ぶ三つの因子を組み合わせれば的確な診断を下せる、とライリーは考えた。三つの因子とは、一、患者が感じている痛みは不安定狭心症に特有なものか？　二、患者の肺に水は溜まっているか？　三、患者の収縮期血圧は一〇〇以下か？　である。

ゴールドマンはリスク因子の組み合わせに応じて治療方法を提案する診断チャートを作成した。たとえば心電図が正常でも、三つのリスク因子がすべて陽性の患者は中間治療室に入れる。心電図に急性虚血の疑いが見られる（すなわち心筋に血液が十分に届いていない）患者でも、リスク因子のうち該当するものが一項目ないしゼロの場合はリスクが低いと考えられるので観察室でいい。心電図に虚血の疑いが見られ、リスク因子が二つないし三つ該当する患者はすぐに集中治療室に入れる、といった内容である。

ゴールドマンはこの診断チャートに少しずつ改良を重ね、これを完成させた。しかし彼の学術論文の最後には、診断チャートを実用化するには現場でのさらなる研究が必要だという悲しい一文が必ず添えてあった。だがいつまでたってもこの研究を買って出る者は現れなかった。彼がこの研究に取りかかったハーバード・メディカルスクールも、研究を終えたサンフランシスコの名門カリフォルニア大学も例外ではなかった。綿密な計算によって導き出した結果であるにもかかわらず、経験を積んだ医者よりも簡単なチャートのほうが正しい診断を下せると言われても、誰も信じなかったのである。

皮肉なもので、この研究にまとまった資金を提供したのは医学界ではなく海軍だった。人命を救い、全米の病院における医療の質を高め、莫大な医療費を削減しようと努力している男に興味を持ったのはペンタゴンだけだった。なぜなのか？　ペンタゴンには外部の者が知る由もない理由があった。潜水艦で海底にひそみ、敵の海域をひそかに嗅ぎ回っている最中に乗組員が胸の痛みを訴えたとする。すぐさま浮上して船体を敵の目にさらしても病院に連れていくべきか、それとも海底に留まって薬を飲ませてベッドに寝かせておけばよいのか、判断する必要があったのだ。

ライリーは普通の医療関係者と違い、ゴールドマンの研究に不信を抱いたりしなかった。危機的な状況にあったからだ。そこで彼はゴールドマンのチャートをクック・カウンティ病院の救急室と医局の医者に見せて、彼らに成果を競わせた。最初の数か月はこれまで通りのやり方で胸の痛みを診断してもらう。その後、ゴールドマンのチャートを使ってもらい、二つの方法で対処した患者の診察内容と結果を比較することにした。

二年間のデータを集めたところ、両者に大きな差が出た。ゴールドマン方式が二つの点で文句なく優っていたのだ。まず、心臓発作を起こしていない患者を見分けられる確率が、従来の方法の七〇%増という驚異的な結果が出た。またゴールドマン方式のほうが安全な診断を下せた。重大な合併症を起こしそうな患者はただちに集中治療室か中間治療室に入れなければならないが、医師が自分のやり方で診断したときに、症状の重そうな患者についての予測が当たる確率は七五%から八九%だった。一方ゴールドマン方式だと九五%以上の的中率だった。これこそライリーが求めていた結果だ。彼は救急科に指示し、これまでの規則を改めた。

二〇〇一年、クック・カウンティ病院は全米の病院で初めて、胸の痛みをゴールドマン方式で診断することになった。救急室を訪れると、壁に心臓発作の診断チャートが貼ってある。

情報過多が判断の邪魔をする

クック・カウンティ病院の実験はなぜ重要なのだろうか？　それは、何かを判断する際、情報は多いほど適切な判断を下せると、みんな当たり前のように思い込んでいるからだ。診てもらった医師から検査や詳しい診察が必要だと言われて、疑う患者は少ない。ミレニアム・チャレンジでは、青チームは赤チームより情報が多いのだから、当然、有利な立場にいるはずだと思っていた。これが青チームは無敵だという思いを支えていたもうひとつの理由だ。彼らはバン・ライパーよりも論理的で体系的で、わかっていることも多かった。だがゴールドマン方式はまったく逆で、余計な情報は必ずしも有利に働かないと言う。実際、複雑な現象の下に隠れているサインを見つけるには、少しのことがわかればよいのだ。必要な情報は心電図、血圧、肺の水、不安定狭心症の痛みだけだ。

ずいぶん大胆な意見だ。たとえば、ときおり断続的な左胸の痛みが階段を上るときに起こり、痛みは五分から三時間続くと訴えて救急室に来た男性を想定してみよう。胸と心臓の検査結果と心電図は正常で、収縮期血圧が一六五だとすると、差し迫ったリスク因子はない。だがこの患者は六〇代で、働きすぎの重役で、常に重圧にさらされている。タバコは吸うし、運動不足だ。何年も前から高血圧気味で太っている。二年前には心臓の手術をした。しかも今、汗をかいているとなると、すぐに集中治療室に入れたほうがよさそうに思う。しかしゴールドマン方式によれば、その必要はない。ほかのリスク因子も長期的には問題になる。患者の状態や食生活やライフスタイルを見ると、数年のうちに心臓病を患う危険は大きい。これらのリスク因子が複雑に作用して、今後七二時間以内に男性の身に何か起こる可能性が増すこともありうる。だがゴールドマン方式では、今、男性の身に何が起きているのかを判断するうえでほかのリスク因子が果たす役割はごく小さく、無視しても正確な診断はできると考える。これはペルシャ湾であの日、青チームが総崩れになった理由を説明する鍵でもある。

実は余計な情報はただ無用なだけでなく、有害でもある。問題をややこしくするからだ。心臓発作を予測しようとして医者が誤るのは、たくさんの情報を検討しすぎるからだ。

ときに医者が心臓発作を見逃してしまう理由を探った研究でも、情報が多すぎるという問題が浮かび上がる。重大な心臓病の合併症を今にも起こしそうな患者、あるいはまさに起こしている患者に気づかないことがあるのだ。このような間違いは女性とマイノリティの患者で起こりやすいことがわかっている。心臓の病気を考えるとき性別や人種は無関係ではない。黒人の総合的なリスクプロフィールは白人とは違うし、女性が心臓発作を起こしやすくなるのは男性よりもかなり歳を取ってからだ。個々の患者についての判断に性別と人種という別の情報が加わると、問題が生じる。医者はますます手に負えなくなるのだ。このような場合、診察している相手の人種や男女の別は知らないほうが正しく判断できるだろう。

ゴールドマンの考えがなかなか受け入れられないのも無理はない。十分に根拠があると思えるような情報があるのに、それを無視したほうが正しく判断できると言われても、おいそれとは受け入れられない。「だからこの診断チャートは疑われるのだ」とライリーは言う。「医者はここを信用しない。彼らの言い分はこうだ。『このプロセスはもっと複雑なはずで、心電図を見て二、三質問しただけでわかるはずがない。患者が糖尿病かどうかなぜ聞かないのか。年齢は？　以前に心臓発作を起こしたかどうかは？』。もっともな疑問だ。彼らは診断チャートを見るなり、『ばかばかしい。こんな方法で判断できるか』と言うんだ」。医者というものは、生死にかかわる判断は難しいものと考えがちだとアーサー・エバンズは言う。「ガイドラインに従うだけではつまらないと医者は考える。自分で判断するほうが満足できるからだ。チャートに従うことなら誰にでもできる。医者は『私のほうが正しく判断できる。こんなに効率的で簡単なはずがない。そうでなければ私に大金を払う意味がないじゃないか』と考えがちだ」。チャートはどうもぴんとこないのだ。

かなり前にスチュアート・オスカンプという研究者が有名な実験をした。彼は心理学者を集めて、ジョセフ・キッドという二九歳の退役軍人の事例を検討するよう求めた。最初の段階ではキッドについての基本的な情報だけを教えた。次に彼の子ども時代について詳しく紹介した一ページ半の紙を渡した。第三段階では高校時代と大学時代の背景を記した二ページの紙を渡した。最後にキッドの従軍時代とその後の活動についての詳しい情報を渡した。各段階ごとに、心理学者らはキッドに関する選択式の質問二五項目に答えた。

その結果、キッドについての情報が増えるほど、診断の正確さに対する心理学者らの自信は大幅に高まっていった。だが、本当に正しい答えは増えたのだろうか。そうはならなかった。新しくデータが加わるたびに、彼らはテストを最初から見直して、いくつか答えを書き換えた。だが全体の正解率はほぼ一定していて、三〇%程度に留まっていた。

オスカンプはこう結論づけた。「情報が増えるほど、判断の正確さに対する自信は実際と比べて不釣り合いなほど高くなっていった」救急室の医者と同じだ。彼らが必要以上に情報を集めて検討したのは自信を持つためだった。人の命がかかっている以上、自信を持つ必要があったのだ。だが皮肉なもので、自信を持とうとすればするほど、正確な判断ができなくなる。頭の中にある詰め込みすぎの計算式に情報を追加しすぎて、ますます混乱してしまう。

クック・カウンティ病院でライリーらが目指していたのは、簡単に言えば、救急室の自発的な行動に枠組みを与えることだった。診断チャートは過剰な情報に圧倒されないように医者を守るためのルールだ。即興芝居で同意のルールが舞台の役者を守るのと同じだ。チャートのおかげで医者は解放され、次々と下していかなければならないほかの判断に注意を向けることができる。たとえば、患者が心臓発作を起こしていないとしたらどこが悪いのか。この患者にもう少し時間をかけるべきか、もっと病状が悪そうなほかの患者を診るべきか。どのように話しかけて患者を理解すればよいのか。この患者のために私には何ができるか、といったことだ。

エバンズは言う。「ライリーが病院のスタッフに伝えようとしたことのひとつに、患者に話しかけたり、話を聞くときは慎重に対応し、丁寧に診察するようにということがある。訓練プログラムの多くはこのようなスキルを無視している。このような行動こそが、人とつながるうえで本質的な価値を持つとライリーは考えている。また、患者の家庭、住んでいる地域、生活といった環境を知らなければ、ケアすることはできないとも考えている。医療には医者がもっと注意を向けるべき社会的・心理学的側面がたくさんあるとも話す」

医者は患者を「人」として理解するべきだというのがライリーのポリシーだ。共感することの大切さを信じ、医者と患者の関係を尊重するなら、そのための場を設けなければならない。それには、それ以外の領域で判断を下すことにともなうプレッシャーを和らげる必要がある。

ここには大切な教訓が二つあるように思う。まず、正しく判断するには熟考と直感的な思考のバランスが必要だ。ボブ・ゴロムが車の販売で成功したのは、客の目的やニーズや感情を一瞬で直感的に理解するのがうまかったからだ。だが彼が優秀だったのは、そのプロセスを止めるべきとき、すなわち、ある種の瞬間的な判断に意識的に抵抗するべきときがわかっていたからでもある。クック・カウンティ病院の医師も同じで、救急室で超多忙な日々を過ごしながらも機能しているのは、リー・ゴールドマンがパソコンの前に何か月も座り続け、できるだけ多くの情報を苦労して評価してくれたからだ。時間があり、パソコンの助けを借りることができ、やるべきことがはっきりしているときは、熟考は素晴らしい手段であり、こうして分析した結果は瞬間的な認知が活躍できる場を用意してくれる。

二つめは、優れた判断には情報の節約が欠かせないということだ。ジョン・ゴットマンは複雑な問題をごく簡単な要素に切り詰めて、ひどく複雑な夫婦間の問題にも明確で基本的なパターンがあることを示してみせた。リー・ゴールドマンの研究を見ると、このようなパターンを拾う際、情報は少ないほうがうまくいくことがわかる。判断する人に情報を与えすぎるとサインを拾いにくくなることを彼は証明してみせた。正しい判断を下すには情報の編集が必要なのだ。

状況を輪切りするとき、すなわちパターンを認識し、瞬時に判断するとき、私たちは無意識のうちにこの編集作業をしている。元美術館長のトマス・ホービングが初めてクーロス像を見たとき、最初に目を引いたのは見た目の新しさだった。美術史家のフェデリコ・ゼリは直感的に指の爪を見た。二人とも彫像の外見に関するほかのさまざまな事柄は無視して、知りたいことをすべて教えてくれる特徴に注目した。情報編集する能力がない、何を編集すればよいかわからない、編集作業を許されていないといった場合は、結果として瞬時の判断力が落ちる。

スピードデートの実験をしたシーナ・アイアンガーのことを思い出してほしい。彼女はほかにも実験をした。カリフォルニア州メンロ・パークにある高級食料品店に、珍しいジャムをいろいろと試食できるコーナーを設けた。そこに置くジャムは六種類にしたり、二四種類にしたりした。選択肢の数がジャムの売れ行きを左右するかどうか調べようというわけだ。もちろん一般に経済学では、選択肢が多いほうが客が商品を買う確率は高くなると言われている。好みに合うジャムを見つけやすいからだ。

だが結果はその反対だった。選択肢が六種類のときはコーナーに立ち寄った客の三〇%がジャムを買った。一方、種類が多いときにジャムを買った客は三%だった。なぜだろう？　ジャムを買うかどうかは瞬間的に判断するからだ。私たちは直感的にこのジャムが欲しいと思う。選択肢が多すぎると、無意識の処理能力を超えて、麻痺してしまうのだ。瞬時の判断を瞬時に下せるのは、情報が少ないからだ。瞬時の判断を邪魔したくなければ、情報を減らすことだ。

バン・ライパーはこのことをよく理解していた。彼と彼の部下も分析をしたが、それは戦争が始まる前だ。いったん戦争が始まると、彼は部下に余計な情報を与えすぎないようにした。会議は短く切り上げ、本部と戦場の指揮官とのやりとりも制限した。瞬間的に判断できる環境を整えようとしたのだ。一方青チームは情報を詰め込んだ。彼らは四万件の入力が可能なデータベースを誇っていた。目の前にはＣＲＯＰ、すなわち戦場をリアルタイムで映し出す巨大スクリーンがあった。アメリカ政府のあらゆる部署から専門家を集めた。最新式のインタフェースで四軍の司令官と直接つながっていた。敵の次の動きについて継続的に分析した結果を受け取っていた。

だが撃ち合いが始まると、それらの情報はすべて重荷になった。バン・ライパーは言う。「青チームが使っていたコンセプトが、どんなふうに戦闘の計画に具体化されるのかは理解できる。しかし戦闘の最中にそんなことをして意味があるだろうか。そうは思えない。判断が分析的か直感的か、どちらがいいかという問題ではない。悪いのは、どちらであれ不適切な状況で使うことだ。ライフル中隊が敵の一斉射撃で身動きがとれなくなったとしよう。中隊長が部下を集めて『意思決定のプロセスに従って本部の命令に従う』と言ったとする。むちゃな話だ。その場で判断して、それを実行に移し、先に進むしかない。青チームと同じプロセスに従っていたら何をするにも二倍から四倍の時間がかかっていただろう。攻撃は八日ほど遅れていたかもしれない。意思決定プロセスなるものに時間を割かれてしまうからだ。すべてを分解してばらばらにすることはできても、全体をまとめることはできない。天気と同じだ。司令官は今の気圧や風向きや気温を知る必要はない。この先の天気の変化がわかればいい。情報集めに熱中しすぎるとデータにおぼれてしまう」

ポール・バン・ライパーの双子の弟ジェームズも海兵隊に入隊し、大佐に昇進したのち退役した。ポールをよく知る人のご多分に漏れず、彼もミレニアム・チャレンジの結果には驚かなかった。ジェームズは言う。「最近の戦略家の中にはもっと情報を集めて、すべてを見わたすことができれば、負けるはずがないと言う者もいる。ポールはいつもこう言っている。『チェス盤を見てみろ。敵の動きはすべてわかる。でも勝てる保証はあるか？　そんなものはない。敵の考えまではわからんのだ』。司令官がすべてを知ろうとすればするほど、その考えにとらわれて身動きできなくなる。だが、すべてわかることなどありえない」

青チームの規模が赤チームの何倍もあったことも問題だったのではないか？　「『ガリバー旅行記』と同じだよ」とバン・ライパー大佐は言う。「巨人はささいなルールや規則や手順に縛られている。一方、小人は自分の好きなように動き回っている」

ならず者司令官の後日譚

ペルシャ湾で赤チームが青チームを奇襲攻撃した一日半後、ＪＦＣＯＭの建物には気まずい沈黙が漂った。その後、ＪＦＣＯＭが介入した。時計を巻き戻したのだ。ペルシャ湾の底に沈んだはずの青チームの船一六隻が引き上げられた。青チームが上陸を計画していたいくつかの港で、バン・ライパーは最初の攻撃で一二発の戦域弾道ミサイルを発射していた。だが、すべて新型のミサイル防衛手段が撃ち落としたことにするとＪＦＣＯＭは宣言した。おかしな話だ。また、バン・ライパーは戦闘地域の親米的な国々のリーダーを暗殺していたが、これもなかったことにされた。

バン・ライパーは振り返る。「攻撃の翌日、司令室に入っていくと、私の補佐が部隊にこれまでとは違う指示を出していた。たとえばこうだ。レーダーを止めて、青チームを邪魔しないようにしろ。海兵隊が邪魔されずに上陸できるように、地上の部隊をどけろとね。Ｖ22を一機撃ち落としてもいいかねと聞いてみた。すると『だめです』と言う。『いったいどういうことだ』と尋ねると、『プログラムの責任者から前回とは違う指示を出すように言われています』とのことだった。第二ラウンドは何もかも打ち合わせ通りに進められた。望み通りにならなければ、もう一度やり直すことになっていた」

ミレニアム・チャレンジ続編は青チームの圧勝だった。二度目はペンタゴンの実験の邪魔になるような意外性を排除し、洞察力を求めるなぞ解きもなく、実際には避けようのない複雑で混乱した状況が生じる余地もなかった。演習が終わると、ＪＦＣＯＭとペンタゴンの分析官は歓声を上げた。立ち込めていた暗雲が晴れたのだ。

新しい軍隊が生まれ、ペンタゴンは自信を持って現実のペルシャ湾に目を向けた。ならず者の独裁者は地域の安定を脅かしていた。アメリカを憎み、宗教と民族意識を盾に確固たる権力基盤を築き、テロ組織をかくまっていると噂されていた。だからこの国に別のリーダーを据え、国の安定を取り戻す必要があった。そして米軍が正しい行動をとるならば、すなわちCROPとPMESIとDIMEを駆使すれば、そんなことは簡単なはずだった。

第5章

プロの勘と大衆の反応

無意識の選択は説明できない

プロが認めたのに成功しないミュージシャン

ロックミュージシャンのケンナはエチオピア移民の子としてバージニアビーチで育った。父親はケンブリッジ大学を卒業した経済学の教授だ。家族で見るテレビ番組はCNNかピーター・ジェニングスのニュース番組、音楽は決まってケニー・ロジャースだった。「父はケニー・ロジャースが大好きでね。『ギャンブラー』という曲がお気に入りだった」とケンナは説明する。「教訓を学ぶこと、お金のこと、世の中の仕組み、そういうことばかり教わった。両親は僕に自分たちよりいい生活をしてほしいと望んでいた」

ときどき叔父さんが訪ねてきて、ディスコやダンスやマイケル・ジャクソンのことを教えてくれたが、ケンナにはよさがわからなかった。当時はスケートボードに夢中で、裏庭に作った専用の斜面で向かいの家の男の子と遊んでいた。ある日、近所の友達の部屋を訪ねたときのこと、壁に知らないバンドの写真が貼ってあった。その友達がU2の『ヨシュア・トゥリー』のテープをくれた。「すり切れるまで聴いたよ。音楽とはこういうものだと初めて知った。確か一一か一二のときだ。それから僕の音楽人生が始まったんだ」

ケンナはすらりと背が高く、とてもハンサムだ。スキンヘッドにやぎひげを生やしている。ロックスターなのに、えらそうにふんぞりかえったりせず、気取らず、どちらかと言えば紳士的だ。礼儀正しくよく気がつき、驚くほど控え目だった。そして穏やかな声で大学院生のように熱心に話す。初めて大きなチャンスが訪れて、大物バンド「ノー・ダウト」のコンサートで前座を務めたときは、

（マネージャーが言うには）彼は観客に名前を教えるのを忘れた。本人は名前を明かさないつもりだったのだと言う。でも最後には観客のほうから「名前を教えてくれよ」と言われた。ケンナはたえず人の期待を裏切るタイプだ。それが彼の面白いところでもあるし、ミュージシャンとしての成功を難しくしている理由でもある。

一〇代半ばには独学でピアノを学んでいた。歌の勉強のために、スティービー・ワンダーやマービン・ゲイをよく聴いた。タレントショーに応募したこともある。オーディション会場にはピアノがあったのに、本番の会場にはなかった。そこでステージに立つと、ブライアン・マックナイトの歌を伴奏なしで歌った。作曲も始めた。小遣いをかき集めてスタジオを借り、デモテープを作った。彼の歌はちょっと変わっていた。わかりにくいとは言わないが、とにかく変わっていて、ジャンル分けが難しい。リズム・アンド・ブルースに分類する人もいたが、ケンナはそれが気に入らなかった。R&Bに分類されるのは自分が黒人だからだと思っていたのだ。音楽配信のウェブサイトを見ても、彼の曲は「オルタナティブ」部門に入っていたり、「ダンス音楽」に入っていたりする。「その他」に分類されていることもある。一九八〇年代のブリティッシュ・ニューウェーブとヒップホップを掛け合わせた音楽、と呼んでごまかそうとしたロック評論家もいる。

ケンナの音楽をどう分類するかは難しい問題だが、少なくとも最初は彼もそれほど気にしていなかった。彼は運よく、高校時代の友人を通じて音楽業界の人々と知り合うことができた。「何もかもうまく行きそうだった」とケンナは言う。彼の曲は新人をスカウトしてレコード会社に紹介する人物の手に渡り、その人脈を通じて、デモCDがアトランティック・レコードの共同社長クレイグ・コールマンのもとに届いた。実にラッキーなすべり出しだった。コールマンは自称音楽ジャンキーで、個人で二〇万枚のレコードとCDを所有している。毎週新人から受け取る曲は一〇〇曲から二〇〇曲にもなる。週末になると家でその曲を次々に聴いていく。ほとんどはちょっと聴いただけで使いものにならないとわかる。10秒ほど聴いてCDプレイヤーから取り出す。だが毎週、何曲かは耳に残る曲がある。そしてたまには椅子から跳び上がりそうになる歌手や曲に出会う。ケンナもその一人だった。

コールマンは回想する。「ぶっとんだよ。この子に会わなきゃと思った。で、さっそくニューヨークに呼んだんだ。僕のために歌ってくれたよ、こんなふうに」。そう言ってコールマンは手で五〇センチほどの空間を示した。「間近でね」

のちにケンナはプロデューサーをしている友人とレコーディングスタジオでばったり会った。そこにダニー・ウィマーという男がいた。当時アメリカで売れていた「リンプ・ビズキット」というロックバンドのリードボーカル、フレッド・ダーストと一緒に仕事をしていた男だ。ダニーはケンナの曲に夢中で聴き入った。それからダーストに電話して、電話越しに「フリータイム」という曲を聴かせた。ダーストは「すぐに契約しろ!」と叫んだ。その後、世界的なロックバンドU2のマネージャー、ポール・マクギネスがケンナのレコードを聴き、彼をアイルランドに呼んで会った。次にケンナは、ほとんどただ同然でミュージックビデオを作り、MTV2に持ち込んだ。MTVより内容の濃い音楽専門チャンネルだ。ふつう、レコード会社は大金をかけて曲を宣伝し、ビデオをＭＴＶで流してもらう。曲が一〇〇回から二〇〇回放送されれば運がいいと言われている。なのにケンナは自分でビデオを持ち込んだだけで、それから数か月の間に合計四七五回も放送してもらえたのだ。次にアルバムを作った。そしてそれをもう一度コールマンに送った。コールマンはアルバムをアトランティック・レコードの役員全員に聴かせた。「全員が気に入った。めったにないことだ」と言う。ケンナがノー・ダウトの前座で成功してからまもなく、ロサンゼルスのロック界で有名なナイトクラブ「ロキシー」から彼のマネージャーに電話が入った。明日うちで歌わないかという誘いだった。彼はすぐにその申し出を受けて、自分のウェブサイトでショーの告知をした。前日の四時半頃のことだ。「翌日の午後になってロキシーから電話があった。すでに満席で予約を断っていると言うんだ。一〇〇人も集まればいいほうだろうと思っていたのに、会場は満員だった。前のほうの人たちはどの曲も一緒に歌ってくれた。最高の気分だったね」とケンナは言う。

要するに、音楽を知り尽くしている人たち（レコード会社の経営者、ライブハウスに音楽を聴きに行く人々、業界通）はケンナのことを気に入っている。一曲聴いただけですぐに「すごい！」と思う。もっと正確に言えば、彼らはケンナの音楽を聴いて、一般のリスナーも気に入るはずだと直感的に思った。だが、ここでケンナは問題にぶつかった。その直感を検証しようとするたびに、一般のリスナーはケンナの音楽を気に入っていないことがわかったのだ。

ケンナのアルバムがニューヨークのレコード会社の手に渡り、重役らが検討したとき、このアルバムは三回、社外の市場調査会社に回された。これは業界では慣例となっている。アルバムがヒットするには曲をラジオで流してもらう必要がある。ラジオ局は市場調査をして、ただちに圧倒的に支持されるという評価を受けた一握りの曲しか流さない。だから、レコード会社も数百万ドルでアーティストと契約する前に、数千ドルかけてラジオ局と同じような調査をする。

たとえば新曲をウェブサイトで公開し、曲を聴いた人々の評価を集計して分析する会社がある。電話で曲を流したり、まとまった人数にサンプルCDを送って評価させる会社もある。何百人ものリスナーが特定の曲に投票するわけだから、長年の間に評価システムはとても高度になった。たとえばワシントンDCの郊外にある評価サービス会社「ピック・ザ・ヒット」は二〇万人のメンバーに音楽を評価させている。そして、たとえばラジオ番組「トップ40」(リスナー層は一八歳から二四歳)を狙った曲が四段階評価で平均三・〇以上を獲得した場合、その曲がヒットする確率はおよそ八五%と評価される。

ケンナのアルバムはこのような調査会社に渡った。結果は散々だった。カリフォルニアのミュージック・リサーチ社は年齢、性別、人種に基づいて選んだ一二〇〇人にケンナのCDを送った。同社は三日後にその一二〇〇人に電話して、できるだけ多くのリスナーに五段階で評価してもらった。二五ページに及ぶ報告書で控え目な言葉で伝えてきた通り、反応は「低調」だった。最も有望と思われた曲「フリータイム」の評価はロック専門局のリスナーの間で一・三、R&B専門局のリスナーで〇・八だった。ピック・ザ・ヒット社はアルバムの曲をすべて評価した。そのうち二曲は平均値、八曲は平均以下だった。こちらの結論はもっとそっけなく、「アーティスト、ケンナと彼の曲はコアなリスナーを欠き、ラジオでの大量オンエアはあまり期待できない」と言ってきた。

ケンナはあるとき、コンサート会場の楽屋でポール・マクギネスと偶然会った。その時マクギネスはケンナを指差して「この男は音楽の世界を変えるよ」と言った。彼は直感的にそう思ったのだ。U2ほどのバンドのマネージャーだから音楽のことはよくわかっている。だがケンナが変えるはずだった世界の住人は、マクギネスと意見が合わなかった。市場調査の結果がすべて出揃うと、一度は有望に見えたケンナの将来がにわかに怪しくなった。ラジオで曲を流してもらうには、一般のリスナーに受けるという確証が必要だった。だがその確証は得られなかった。

クリントン大統領と世論調査

政治の世界に世論調査を採り入れたディック・モリスは、回想録『オーバル・オフィス：大統領執務室』（フジテレビ出版、一九九七年）に、一九七七年アーカンソー州を訪ね、将来有望な同州の三一歳の司法長官ビル・クリントンに会ったときのことを書いている。

私は友人のディック・ドレスナーが映画会社のために行った世論調査からヒントを得たのだと説明した。００７映画の新作や『ジョーズ』のようなシリーズ物の続編ができると、映画会社はドレスナーを雇ってあらすじをまとめさせ、大衆がその映画を見たがるかどうか調査させた。また、映画の宣伝文やキャッチコピーの案をいくつか読んで聞かせて、どれが最も効果的かも調べた。ときには別の結末や同じシーンを別の舞台で撮影した場合の様子を説明して、どちらが受けるかを調べることもあった。

「同じ手法を政治に応用するのかね」とクリントンが聞いた。

私はその方法を説明した。「同じことを政治広告や演説や討論会でもやってみてはどうでしょう。何か発言するたびに誰に投票したいか質問するのです。そうすればどの意見が何人の投票者を動かし、どの投票者が動くか知ることができます」

私たちは四時間近く話し込み、昼食も彼のデスクでとった。そして、私が実施した世論調査のサンプルを見せた。

彼はそのプロセスに興味を持ったようだった。この方法を使えば、政治の不可解な部分が科学的な調査と評価によってわかりやすくなるかもしれないと考えたのだ。

クリントンが大統領になると、モリスは彼の中心的な相談役となった。モリスが世論調査にこだわりすぎることを問題視する人は多かった。選挙で選ばれた政治家がリーダーシップをとり、自分の主義に基づいて行動するという、大統領の義務の崩壊とみなされたのだ。だがこの批判は少し厳しすぎる。モリスはビジネスの世界を動かしている考え方を政治の世界に持ち込もうとしたにすぎない。世界の出来事に対する人々の不可解で強烈な反応の謎を誰もが知りたいと思っている。映画、洗剤、車、音楽、なんであれモノ作りに携わっている人は製品に対する感想を知りたくなるものだ。ケンナの音楽を気に入った音楽業界の人々が自分たちの勘だけで動けなかった理由もここにある。人が何を望んでいるか知る方法としては、直感は不思議であいまいすぎる。消費者の感想を正確に知るには直接聞くのが一番だ。だから、ケンナの音楽は調査会社に回された。

だが本当にそうだろうか？　ジョン・バージの実験でお行儀系の単語をすり込まれた学生に、なぜ廊下で我慢強く待っていたのかを尋ねても答えられない。青と赤のカードで運だめしをした人々に青いカードをめくる理由を尋ねても、少なくとも八〇枚ほどカードをめくるまでは答えられなかった。サミュエル・ゴスリングとジョン・ゴットマンは誰かと直接話をするよりも、身振りや顔の表情を観察したり、本棚や壁の絵を見たほうが、その人の考え方がよくわかることを発見した。テニスコーチのヴィック・ブレーデンは、人は自分の行為を進んで説明しようとするが、無意識のうちに行った選択や判断についての説明は必ずしも正しくないことを発見した。ただの思いつきを口にしたとしか思えないこともある。

だから、調査会社が消費者に感想を聞き、今聴いた曲、今見た映画、今演説した政治家を好きかどうか説明を求めたとして、答えはどの程度信用できるものだろうか。ロック音楽の感想を聞き出すのはたいして難しくなさそうだ。だがそうでもない。アンケートを取ったり、世論調査をする人々は、この事実に必ずしも気を配っていない。ケンナの音楽のよさという問題の真相に迫るには、瞬時の判断の複雑さをもっと深く探る必要がある。

コカ・コーラへのペプシの挑戦

一九八〇年代初期、コカ・コーラ社は将来にかなり不安を感じていた。かつて同社のコークは世界のソフトドリンク市場で圧倒的シェアを誇っていたが、ペプシが少しずつ追い上げていた。一九七二年にはソフトドリンクの消費者の一八％がコークしか飲まないと答え、ペプシしか飲まないと答えた人は四％にすぎなかった。しかし、一九八〇年代初期にはコークのシェアは一二％に落ち、ペプシのシェアは一一％に増えた。コークはペプシよりずっと手に入れやすかったし、毎年広告に一億ドル以上かけていたにもかかわらず、シェアは下がっていた。

このような大きな変化のさなか、ペプシは全米でテレビコマーシャルを流し始め、「ペプシ・チャレンジ」というキャンペーンを展開して、ペプシとコークを直接対決させた。コークしか飲まないという消費者に二つのグラスに入れた飲み物を飲み比べてもらったのだ。一方にはQ、もう一方にはMと書いてある。どちらに人気があったか？　答えは例外なくMだった。意外にも、Mはペプシだということが明かされる。コカ・コーラはまず調査の結果に異議を唱えた。だが、同じような調査を独自に行ったところ、同様の結果が出た。どちらがおいしいかと聞かれて、過半数の五七％がペプシのほうがおいしいと答えたのだ。五七％対四三％の差は大きい。この業界では〇・一％の差が数百万ドルに相当するのだからなおさらだ。この知らせを聞いてコカ・コーラの経営陣が青ざめたであろうことは想像にかたくない。コカ・コーラのどこか近寄りがたい雰囲気は、創業当時から変わらないとされる、有名な秘密の製法によるものだった。だがここへきて、時代は変わったのだという疑いようのない証拠を示されたかに見えた。

コカ・コーラはさらに市場調査を行った。そしてもっと悪い結果が出た。「おそらく、舌の上ではじけたりする、コークらしい特徴が、刺激が強すぎると思われるようになったのだ」と同社のアメリカ事業部長ブライアン・ダイソンは当時分析した。「『まろやか』で『口当たりがよい』のはどちらかと聞くと、必ずペプシという答えが返ってきた。おそらくのどの渇きの潤し方が変わってしまったのだろう」

当時、市場調査部門の責任者だったロイ・スタウトはペプシ・チャレンジの結果を深刻に受け止めるべきだと社内で率先して訴えた一人だ。「ペプシと比べてコークの自動販売機の数は二倍。小売店の棚のスペースも広い。広告にも金をかけている。価格でも負けていない。なのになぜシェアが落ちているのか？」と彼は会社のトップに詰め寄った。「ペプシ・チャレンジの結果から目をそらさずに、コークの味を疑うべきだ」

これがのちに「ニューコーク」として知られることになる新製品の始まりだった。コカ・コーラの科学者たちは有名な秘密の製法に手を加えて、コークを少し軽くして、甘さを強くした。つまり味をペプシに近づけた。するとすぐに市場調査の結果は好転した。初期の試作品をいくつか試飲調査したところ、コークはペプシと互角だった。彼らはさらに味を調整した。一九八四年九月、最後にもう一度試作品を使った調査を行い、これがニューコークとなった。彼らは北米の各地から数十万人の消費者を集め、ペプシとニューコークの試飲調査を行った。その結果、ニューコークは六%から八%の差でペプシに勝った。コカ・コーラの経営陣は喜び、新製品にゴーサインが出た。新製品を発表する記者会見で、CEOロベルト・C・ゴイズエタは新製品について「これまでで最高の自信作」と語った。その言葉を疑う理由はまずなさそうに見えた。消費者はとても簡単で直接的な方法で感想を聞かれて、昔のコークはあまり好きではないが、新しいコークはとても気に入ったと答えたのだ。失敗するはずがない。

なのに失敗した。惨憺（さんたん）たる結果だった。コークのファンはニューコークに文句を言い、全米で抗議をする人々が現れた。コークは危機に直面した。そしてわずか数か月後に元のコークをクラシックコークとして復活せざるをえなくなった。その頃にはニューコークはほとんど売れなくなっていた。期待された成功は実現しなかった。

だがもっと驚くことがあった。市場調査の結果から、ペプシはそのままシェアを伸ばすだろうと思われたが、この予測も外れたのだ。これまで二〇年間、コークは消費者がおいしくないと評価した製品でペプシと競争し続け、いまだに世界でシェア一位を保っている。要するに、ニューコークの物語は、人の本心を明らかにするのがいかに難しいかをよく示している。

「感覚転移」と市場調査の罠

ペプシ・チャレンジの結果は解釈が難しい。そもそもこのときの調査が、特設会場で一口だけ試飲する「セントラル・ロケーション・テスト（ＣＬＴ）」と呼ばれる方法によるものだからだ。試飲する人は缶を丸ごと一本飲むわけではなく、コップで一口ずつ飲んで判断するのだ。

ここで、少し違う方法で調査してみよう。飲み物を一ケース家に持ち帰ってもらい、数週間後に感想を聞いてみる。答えに差は出るだろうか？　差が出るという結果が出ている。ペプシの新製品開発部門に長年勤めたキャロル・ダラードは次のように話す。「ＣＬＴでの答えと家で飲んでもらったときの答えが、まったく正反対になることはよくある。たとえばＣＬＴでは三、四種類の製品を一、二口ずつ続けて飲むこともある。一口だけ飲むのと、椅子に座って一缶全部飲むのとではずいぶん違う。一口だけ飲んでおいしいと感じても、一本飲むとおいしくないこともある。だから、家で飲んでもらって調査したほうがいいデータが得られる。飲み物は人工的な環境で飲むものではなく、家でテレビの前に座って飲むものだから、その状態でどう感じるかが、製品が市場に出たときの消費者の行動を最もよく反映しているはずだ」

たとえば、一口だけの試飲だと甘味に対する感覚に偏りが出るとダラードは指摘する。「試飲では甘味の強い製品が好まれる傾向がある。でも、一本飲み切ると、甘すぎて飽きてしまう」

ペプシはコークより甘いために、試飲調査で有利だったのだ。またコークにはレーズンとバニラの風味があるのに対して、ペプシは柑橘（かんきつ）系の風味が広がる。だが、ペプシのこの風味は一本飲む間に消えてしまう。このことも、比較調査でコークが不利だった理由のひとつだ。要するに、ペプシは一口だけ飲むとおいしく感じるのだ。では、ペプシ・チャレンジはいんちきだったのだろうか？

それは違う。コークとペプシに対する感想が二種類あるにすぎない。一口飲んである感想を持ち、一本飲み切ったあとで別の感想を持つ。消費者の判断の意味を解釈するには、どちらの感想を知りたいのかをまず考えないといけない。

そして「感覚転移」の問題がある。二〇世紀にマーケティング分野で活躍した偉大な人物ルイス・チェスキンが提案した概念だ。彼は二〇世紀の初期にウクライナで生まれ、子どもの頃にアメリカに移住した。チェスキンは、消費者がスーパーやデパートで買う製品を評価するとき、製品のパッケージに対して抱いた感覚や印象を、知らずしらず製品そのものに転移させるとチェスキンは確信した。要するに、無意識のレベルではほとんどの人がパッケージと製品を区別しないと考えた。消費者にとって、製品のパッケージと中身は一体なのだ。

チェスキンが手がけたプロジェクトのひとつがマーガリンだった。一九四〇年代後半、マーガリンはあまり人気がなく、消費者は食べてみようとも、買ってみようともしなかった。だが、チェスキンはここに興味を持った。人はなぜマーガリンが嫌いなのか？　食品そのものに問題があるのか？　それともマーガリンが連想させるものに問題があるのか？　そこを突き止めようとした。

当時のマーガリンは白かった。そこで色を黄色くしてバターに近づけた。次に主婦を集めて何度か昼食会を開いた。目的は教えたくなかったので、調査のための催しであることは伏せて、ただ女性たちを招いた。「ご婦人方はきっと正装して現れたんだろうね」と言うのは、チェスキンが創設したコンサルティング会社の共同代表であるデイビス・マステンだ。「チェスキンは講演者を招き、料理を出した。そしてあるグループにはバターの小さい塊を出し、残りのグループにはマーガリンの小さい塊を出した。黄色いマーガリンだ。先ほどと同じ理由で、違いがあることは教えなかった。あとから女性たちに講演者と料理の内容を評価してほしいと頼んだ。するとグループを問わず全員が『バター』はおいしかったと答えたという。しかし、市場調査ではマーガリンに未来はないという結果が出ていた。そこでチェスキンはもう少し間接的な方法で調べてみようと提案した」

ここまでで、マーガリンの売上げを伸ばす方法はかなり明らかになっていた。チェスキンはクライアントに商品名を「インペリアル・マーガリン」とし、パッケージに目立つ王冠を入れるようにクライアントに提案した。昼食会でわかった通り、色は重要だった。だから黄色くするように助言した。それから、アルミ箔で包むことを勧めた。当時アルミ箔は高品質の印だった。そうしたところ、二切れのパン（一方は白いマーガリンを塗り、もう一方はアルミ箔で包んだ黄色いインペリアル・マーガリンを塗った）を食べてもらったところ、文句なしに後者のパンが勝った。「『アルミ箔はあったほうがいいか？』などと聞いてはいけない。決まって『わからない』とか『アルミ箔なんてどうでもいい』という答えしか返ってこないものだ。どっちがおいしいかだけ聞く。そんなふうに間接的に尋ねると、本当の動機が見えてくるものだ」とマステンは言う。

チェスキンの会社は数年前に感覚転移のきわめて見事な例をあばいてみせた。彼らは低価格帯で競合している二種類のブランデー、クリスチャン・ブラザーズとＥ＆Ｊを調査した。依頼主のクリスチャン・ブラザーズはこの分野で長年シェア一位を続けてきたのに、なぜＥ＆Ｊにシェアを奪われているのか理由を知りたがっていた。彼らの製品はE&Jより高いわけではない。E&Jより手に入りにくいということもない。宣伝で負けているわけでもない（この価格帯のブランデーはほとんど宣伝していなかった）。ではなぜシェアが落ちるのか？

チェスキンは二〇〇人を対象に、ブランド名を伏せて飲み比べてもらう調査をした。結果はほとんど差がなかった。そこでさらに調べてみた。「別の二〇〇人に対して別な調査をしてみたんだ」と同社のもう一人の共同代表ダレル・レアは言う。「今度はどっちのグラスがどっちの銘柄かを事前に教えておいた。すると商品名に関して感覚転移が起きる。今回はクリスチャン・ブラザーズの評価が上がった」

名前の印象はクリスチャン・ブラザーズのほうが明らかにいい。そこでますます謎が深まった。ブランド力が高いほうのシェアがなぜ落ちているのか？「さらに別の二〇〇人に調査した。今度はそれぞれのボトルを後ろに置いてみた。パッケージについては何も質問せず、ただそこに置いたのだ。すると今度は、文句なくE&Jが好まれた。統計的に有意な差が出た。こうなれば問題は明らかだ。問題は製品そのものでもブランドでもなく、パッケージだったのだ」

レアは当時使われていたボトルの写真を見せてくれた。クリスチャン・ブラザーズはワインのボトルに似ている。注ぎ口が細長く、白っぽいシンプルなラベルが貼ってある。一方のE&Jは対照的にずっと豪華だ。スモークガラスを使い、形はデカンタのようにずんぐりしていて、注ぎ口に銀紙を巻き、高級感のある黒っぽいラベルが貼ってある。

彼らはこの結論を証明するために、最後にもう一度、中身を入れ替えて調査した。E&Jのボトルからクリスチャン・ブラザーズを注いだものと、クリスチャン・ブラザーズのボトルからE&Jを注いだものを二〇〇人に飲み比べてもらった。圧倒的にクリスチャン・ブラザーズの味が勝った。これまでの調査で最も差が大きかった。好ましい味とブランド力とボトルが揃ったからだ。クリスチャン・ブラザーズがボトルのデザインをE&Jに近づけたところ、問題は解決した。

チェスキンの会社のオフィスはサンフランシスコ郊外にある。話が終わったあと、マステンとレアは私を連れて、通りの先にあるノブ・ヒル・ファームズというスーパーマーケットに向かった。アメリカの郊外によくある輝くばかりの広々とした大型店だ。「ほとんどすべての通路にある商品を扱ったよ」と店に入るなりマステンは言った。目の前は飲み物売り場だった。レアは身を乗り出してセブンアップの缶を取る。「何種類かのパッケージを調査したんだ。緑色に黄色を一五%足すと、飲んだ人はライムやレモンの風味を強く感じる。そして『私の好きなセブンアップを変えないで。ニューコークと同じことをしないでちょうだい』と言って怒る。中身は同じなのに、缶から別の感覚が転移したんだ。このときはよくない効果が現れた」

次に缶詰め売り場に移った。マステンはシェフ・ボヤーディーのラビオリの缶詰めを手に取って、ラベルに印刷されたシェフの写真を指差した。「彼の名前はヘクターだ。彼のような人物を私たちは何人も知っている。【ポップコーンの】オービル・レデンバッカー、【お菓子の】ベティ・クロッカー、サン・メード・レーズンのパッケージに描かれた女性もそうだ。一般に、消費者は食品に親しみを感じれば感じるほど、行動が保守的になる。ヘクターの場合で言うと、飾り気のないありのままの姿が好まれる。親しみの持てる、どこかで見たことのあるような顔がいい。全身を見せるよりも顔をアップにしたほうが効果的なことが多いね。ヘクターについてはいろいろと調査した。写真を変えることでラビオリの味の評価がよくなるか調べたんだ。たとえば味を台なしにするのは簡単だ。漫画風のイラストを使えばいい。写真から漫画まであれこれ試してみたが、絵が抽象的になればなるほど、味と品質の印象に対する効果は小さくなった」

マステンはホーメル（Ｈｏｒｍｅｌ）の缶詰め肉を手に取った。「このときはロゴに注目した」。そう言って彼は、ブランド名にあるｒとｍの間に挿入された小さいパセリの枝を指差した。「この小さいパセリが缶詰めに新鮮な印象を与えるのに役立っている」

レアはクラシコのトマトソースの瓶を取って、容器の形にも意味があることを教えてくれた。「デルモンテが缶ではなくガラス瓶に桃を詰めたら、『おばあちゃんが作ってたのとそっくり』と言う人が何人もいた。ガラス瓶入りの桃のほうがおいしいという評価が出た。アイスクリームも四角い容器より筒形の容器に入れたほうが売れる。そのほうがおいしそうだからと、価格が五セントや一〇セント高くなっても喜んで買ってくれる。パッケージの効果だけなのに」

彼らは客の第一印象を操作する方法を企業に教えているのだ。このことに私はとまどいを感じずにいられない。チョコチップアイスクリームのチョコレートを倍にして、パッケージに「新発売！チョコチップが大きくなりました！」と表示して、五セントなり一〇セントなり値上げするのならわかる。でも四角い容器の代わりに丸い容器に入れただけで価格を上乗せするのは、客をだましているようなものではないか。

しかしよく考えてみれば、どちらもそれほど違わないことがわかる。客はおいしいアイスクリームには金を出す。チョコチップが大きくなった場合と同じように、丸い容器に入っているほうがきっとおいしいに違いないと消費者は考える。もちろん、チョコチップが大きくなったことはわかっても、丸い容器のアイスクリームが前よりおいしいかどうかはわからない。でもそれがどうしたというのだ。アイスクリームメーカーは実感できる改良でしか利益を上げてはいけないという決まりはない。「ずるい」と言われるかもしれないが、ずるいのはメーカーだろうか、それとも私たち自身の無意識だろうか？

本当においしくない製品は、パッケージだけではごまかせない。二人とも、そう言う。味は重要だ。ただし、食べ物を口に入れて一瞬でおいしいかまずいか判断するとき、人は味蕾（みらい）と唾液腺で感じた味だけに反応するのではない。目や記憶や想像力から得た感覚にも反応する。だから、メーカーがそのうちの一部にしか配慮せず、ほかを無視するのは愚かなことだ。

とすると、コカ・コーラがニューコークで失敗したのはなさけないことだ。試飲調査の結果を重視しすぎただけではない。ブランド名を伏せて飲み比べをさせる「ブラインドテスト」の調査方法そのものが的はずれだったことになる。従来のコークがブラインドテストで負けたことなど気にするべきではなかったし、ペプシがブラインドテストで勝ちながら市場で勝てなかったことも驚くには当たらなかったのだ。なぜなら、実際にはコークの名を伏せて飲むことなどないからだ。コークを飲むときはブランド、イメージ、缶、見間違えようのない赤いロゴといった無意識の連想をすべて、コークの味の感覚に転移させる。レアは次のように指摘する。

「コカ・コーラの失敗は、ペプシにシェアを奪われた原因がすべて製品にあると考えた点にある。コークやペプシの売れ行きはブランドイメージに左右されやすい。彼らはそこを見落として、製品そのものを変えることしか考えなかった。一方、ペプシは若者に狙いを定め、マイケル・ジャクソンをイメージキャラクターに使って、イメージアップを計った。もちろん試飲では甘い製品が好まれるわけだが、消費者は試飲によって購入する製品を決めたりしない。コカ・コーラの問題は白衣を着た研究者たちの力が強すぎたところにある」

ケンナの場合も同じだろうか？　調査会社は彼の曲あるいは曲の一部を電話やインターネットで聴かせて調査すれば、音楽ファンが彼の曲をどう思うか、信頼できるデータが得られると考えた。リスナーは新曲を数秒で「輪切り」できると思ったのだ。

この考え方は原則的に間違いではない。だが輪切りをするにはふさわしい状況が必要だ。夫婦仲の善し悪しを瞬時に診断することはできる。しかし、夫婦が卓球をしているところを観察してもだめだ。二人の関係にかかわることを話し合っているときに観察する必要がある。会話の断片を分析して、外科医が医療事故で訴えられる可能性について輪切りにすることはできる。でもその会話は患者と交したものでなければならない。ケンナに好感を持った人々にもそれぞれに特定の状況があった。ロキシーやノー・ダウトのコンサートに来た客は彼の姿をじかに見ている。クレイグ・コールマンはケンナを自分のオフィスに呼び、目の前で歌わせた。フレッド・ダーストは信頼する仕事仲間が興奮しているそばでケンナの曲を聴いた。ケンナの曲を何度もリクエストしたＭＴＶの視聴者は彼のビデオを見ている。そういった追加の情報もなくケンナの音楽を判断するのは、ブラインドテストでペプシかコークか選ばせるのと同じだ。

なじみのないものは説明できない

何年か前に家具メーカーのハーマン・ミラーは工業デザイナーのビル・スタンフを雇い、新しいオフィスチェアを発売した。スタンフはそれまでにも同社の仕事をしており、エルゴンチェアとエクアチェアという二種類の椅子が特に有名だ。だがスタンフはこれらの椅子に満足していなかった。どちらもよく売れたが、エルゴンチェアは不細工で、未完成だと思っていた。エクアチェアのほうがましだったが、真似る会社が多すぎて、彼にとって特別な作品とは思えなくなっていた。スタンフは言う。「それまでにデザインした椅子はどれも似ていた。だから次は見た目のまったく違う椅子をデザインしてみたかった」

彼は新しいプロジェクトをアーロンチェアと名づけた。アーロンチェアの物語には、人の反応を測定しようとするときに生じる、第二のもっと根深い問題がよく現れている。なじみのないものについて感じたことを説明するのは難しいという問題だ。

スタンフはできるだけ人間工学的に正しい椅子を作ろうとした。だが、アーロンチェアではもっと先を目指した。たとえば椅子の背と座面を接合する仕組みをかなり研究した。普通の椅子は簡単な蝶番で留めてあるだけだ。だがそうすると、椅子の背の回転軸と尻の回転軸がずれるために、背中をそらすとズボンからシャツがはみ出すし、背中に負担がかかりすぎる。しかしアーロンチェアは座面と背が複雑な仕組みによって別々に動く。まだある。デザインチームは自在に調節できるアームを望んでいた。それには普通の椅子のようにアームを座面の下に固定するよりも、背に固定したほうが簡単だ。肩の支えも強くしたかったので、椅子の背は下を細く、上を広くした。たいていの椅子はこの逆で、下が広くて、上にいくほど幅が狭くなる。そして最後に、長時間座り続けても疲れない椅子を目指した。

「そこで注目したのが麦藁帽子や籐の家具だ。私は前から布を被せたウレタンフォームの椅子が嫌いだった。いかにも暑苦しそうじゃないか。皮膚だって呼吸している。そこで藁みたいに呼吸できる素材を使うというアイデアが浮かんだ」とスタンフは言う。そして特別に設計された弾力性のある薄いメッシュをプラスチックのフレームに張りわたすというデザインに落ち着いた。メッシュの向こうには、座面の下にむき出しのレバーや金具や硬質プラスチックの付属品が丸見えだ。

ハーマン・ミラーは長年、椅子に対する消費者の意見を聞いてきた。そうして気づいたのは、オフィスチェアを選ぶときに、分厚いクッションと立派な背もたれのある椅子に、役人か王様のようにふんぞり返ってどさっと腰を下ろす人が多いということだ。だがアーロンチェアは正反対だ。大昔の巨大な昆虫の甲羅のような、黒いプラスチックと奇妙な突起、そしてメッシュでできた、向こうが透けて見える薄っぺらな代物だ。

「アメリカで快適な椅子と言えば、おおげさなリクライニングチェアと決まっていた。アメリカ人は車のシートにさえクッションをたくさん入れたがるというのでドイツでは笑いものだ。柔らかさにこだわりすぎる。私はいつもミッキーマウスの手袋のことを思い出すんだ。手袋の下の爪を見たらきっとみんな逃げ出すんだろうね。私たちは柔らかさを追求するのとは逆の方向に進んだ」

一九九二年五月、ハーマン・ミラーは調査を始めた。アーロンチェアの試作品をミシガン州西部の企業に持ち込み、社員に半日以上使ってもらったのだ。最初はあまり反応がよくなかった。椅子の快適さを一〇段階（一〇は申し分なし）で評価してもらった。市場に出すにはせめて七・五の評価が欲しいが、初期の試作品は四・七五程度だった。ハーマン・ミラーのある社員が悪ふざけをした。低俗なタブロイド紙を真似た実物大の表紙に椅子の写真を貼りつけて、「死の椅子：座った者は死ぬ」という見出しを入れて、初期のアーロンチェアに関する調査報告書の表紙に使ったのだ。この椅子の針金のように細いフレームを見て、はたして身体を支えられるのだろうかと思った人は多かった。またメッシュを見て座り心地に疑問を感じる人もいた。「頼りなく見える椅子に座ってもらうのは大変だ」と当時、研究設計部門で上級副社長を務めていたロブ・ハーベイは話す。「椅子のフレームが針金のように細ければ、身体を支えられるのだろうかと疑う。そして座るのをためらう。座るというのはとても個人的な行為で、身体が椅子にぴったりと触れる。だから温度や硬さなど見た目から感じ取るさまざまな手掛かりが人の印象を左右するのだ」

しかし、ハーマン・ミラーはデザインを変更し、試作品を改良してそのような不安を取り除いた。評価は少しずつ改善し始めた。製品が市場に出る頃には、快適さの評価は八を超えていた。よいことだ。

悪いこともあった。ほとんどの人は形が奇妙だと言った。「最初から美観についての評価は快適さの評価をはるかに下回っていた」と調査の責任者ビル・ダウエルは言う。「珍しいことだ。大勢の人に椅子に座ってもらって調査してきたが、快適さと美観には常に強い相関関係があるものだ。なのにアーロンチェアにはそれがなかった。快適さの評価が八を上回ったのには驚いた。でも美観についての評価は低いときは二ないし三で、どの試作品でも六を超えることはなかった。この結果にはとまどったし、心配しないわけにいかなかった。エクアチェアもなかなか認めてもらえなかったが、この椅子は常に美しいと評価されていたからね」

一九九三年後半、椅子を発売する準備を進めていたときに、ハーマン・ミラーは一連のフォーカスグループ調査を全米で行った。価格とマーケティングの参考にするデータを集めたかったのだ。また、アーロンチェアのコンセプトが一般の人々に支持されるかどうかも知りたかった。まず建築家とデザイナーのグループを調査した。彼らは概して理解があった。ダウエルは言う。「彼らはこの椅子の革新性を理解してくれた。たとえ美しいとは思えなくても、この形には理由があるということをわかってくれたんだ」

次にオフィス設備の購買担当者と人間工学の専門家のグループに椅子を見せた。最終的にこの椅子が商業的に成功するかどうかの鍵を握る人々だ。反応はかなり冷たかった。「美しさをまるで理解してもらえなかった」とダウエルは言う。アーロンチェアには丈夫な布を被せるべきだとか、この椅子を企業に買ってもらうのは無理だとか言われた。ある人は庭に置くデッキチェアか、昔の車のシートカバーみたいだと言った。映画『ロボコップ』のセットのようだと言う人もいれば、リサイクル材料だけで作ったみたいだと言う人もいた。「スタンフォード大学のある教授はコンセプトと機能性は認めてくれたが、『もっと見栄えのいい試作品』ができたらまた呼んでほしいと言うんだ。私たちは『そんな試作品など作る気はないね』と陰でこっそり言っていた」

ここでちょっと、ハーマン・ミラーの立場に立って考えてみよう。これまでにない新しい製品の開発に力を注ぎ、工場の設備に大金を投じてきた。またたとえば、メッシュが座った人のお尻の肉を挟まないようにするのにも金がかかった。だが、メッシュは人気がないことがわかった。この椅子は不格好だと思われている。長くこの業界にいればわかるが、不格好と評価された椅子は売れない。ではどうするか？　椅子を全部捨ててしまうこともできる。親しみやすいウレタンフォームで覆うこともできる。だが直感を信じてそのまま前に進むこともできる。

ハーマン・ミラーは三番目の方法を取った。その結果どうなっただろうか。最初はあまり売れなかった。なんといっても形が悪すぎた。だがやがて、デザイン界の最先端にいる人々が注目し始めた。米国工業デザイナー協会から賞をもらった。カリフォルニア州とニューヨーク州の広告業界およびシリコンバレーでは、無駄を省いたニューエコノミーの美意識にふさわしい一種のあこがれの製品となった。映画やテレビコマーシャルに使われるようになり、次第に評価が高まって、やがてもてはやされるようになった。一九九〇年代末までに売上げは年間五〇〜七〇%ずつ増え、気づいたときには椅子としては創業以来最も売れていた。やがてどのオフィスチェアよりも盛んにコピーされるようになった。誰もが大昔の巨大な昆虫の甲羅のような椅子を作りたがったのだ。

では、美観についての評価はどうなっただろうか？　今では八点を獲得している。かつて不格好だと言われた椅子が美しいと思われるようになったのだ。

ブラインドで行った試飲調査の第一印象は役に立たなかった。コークをそれと知らずに一口だけ飲むようなことはないからだ。コークを輪切りにするのにこの方法はふさわしくなかった。アーロンチェアの場合は消費者の第一印象を知ろうとしたとき、コークとは少し違う理由で失敗した。第一印象を語った人々は、自分の感想を正しく解釈できていなかった。彼らは椅子が気に入らないと答えた。でも本当は、椅子が新しくて変わっているため、まだ慣れていないということを言いたかったのだ。人が不格好だと思うものすべてにこれが当てはまるわけではない。

一九五〇年代にフォード・モーター社が発表した有名な失敗作エドセルは、形が変だと評価されて失敗した。しかし二、三年たってもエドセルに似た車を作る会社は現れなかった。アーロンチェアのようにはいかなかった。エドセルは最初だけでなく、いまだに不格好だと思われている。同じように、映画の中には公開時に不評なだけでなく、二、三年たっても評判のよくならないものがある。駄作はいつまでたっても駄作なのだ。問題は、気に入らない製品の中に、変わっていてなじめないだけの製品も混じっているということだ。そういう製品を見ると人は不安になる。ほかと違いすぎて、本当は好きなんだとわかるまでに時間がかかるのだ。

「製品開発に携わっていると自分の製品に没頭してしまい、売り込む相手はその製品にまだなじみがないということを忘れてしまいがちだ。その場で製品を体験できても、その製品と過ごした歴史がないし、その製品との未来を想像するのも難しい。あまりに変わっている製品ならなおさらだ。アーロンチェアがそうだった。人々の頭の中には美しいオフィスチェアについてそれなりのイメージがある。クッションが入っていて、布で覆った椅子だ。アーロンチェアにはそういうものがない。見た目が違いすぎて、まるでなじめないのだ。『不格好だ』というのは『これまでと違う』という意味だったのかもしれない」とダウエルは話す。

革新的製品は市場調査になじまない

市場調査には問題がある。よくない製品となじみがないだけの製品の違いをとらえられない場合が多いからだ。一九六〇年代後半、シナリオ作家のノーマン・リアは『オール・イン・ザ・ファミリー』というテレビ向けコメディ番組のパイロット版を作った。内容は当時の一般的なテレビ番組とかなりかけ離れていて、痛烈で政治色が濃かった。また当時テレビ局が避けていた社会問題を扱っていた。リアはこれをＡＢＣに持ち込んだ。ＡＢＣはハリウッドの劇場に厳選した四〇〇人の視聴者を集め、この番組を見せて調査した。視聴者はアンケートに答え、番組を見ながら「とてもつまらない」から「とてもよくできている」まで五段階のダイヤルを回した。そして彼らの感想に最高一〇〇点で点数をつけた。ドラマとしては最高得点は六〇点台後半だった。コメディとしては七〇点台半ばだった。番組そのものの評価は四〇点台前半だった。ABCは放映を断った。

リアは今度はCBSに向かった。彼らは「プログラム・アナライザー（番組分析法）」という独自の方法で市場調査を行った。視聴者に番組を見ながら赤と緑のボタンを押してもらい、彼らの印象を記録する方法だ。ぱっとしないという結果が出た。調査部門は主人公のアーチー・バンカーをもっと語り口の柔らかい、面倒見のいい父親として描くように助言した。どうしたわけだろう？この番組の放映が決まったのは、社長のロバート・ウッドと編成局長のフレッド・シルバーマンがたまたま番組を気に入ったからだった。当時CBSは市場で圧倒的に優位に立っていたので、番組が失敗してもなんとかなると考えたのだろう。CBSは第一シーズンが始まる前に番組を宣伝しようともしなかった。

同じ年、CBSはメアリー・タイラー・ムーア主演の新しいコメディ番組も検討していた。これも従来の番組とはかなり違っていた。主人公のメアリー・リチャーズは独身の若い女性で、それまでのドラマのヒロインと違って結婚には興味がなく、仕事で成功したいと思っていた。CBSは第一話をプログラム・アナライザーにかけた。結果はひどかった。メアリーは「負け犬」、近所に住むローダ・モーガンスターンは「かんに触る」、もう一人の大事な女性の登場人物フィリス・リンドストロームは「信用できない」と評価された。この番組が生き残った唯一の理由は、ＣＢＳが調査を始める前に、すでに放映スケジュールに組み込まれていたからだった。「これがただのパイロット版だったとしたら、ここまで評価がひどければ没になっていただろう」とサリー・ベデル・スミスが書いた伝記の中でシルバーマンは語っている。

この二つの番組はいずれもアーロンチェアのテレビ版と言える。視聴者は番組が気に入らないと言った。だが、やがてどちらも大ヒットしたことから明らかなように、視聴者は本当は番組が気に入らなかったのではなく、びっくりしただけだった。なのにＣＢＳが鳴り物入りで用意した調査方法でさえ、この二つのまったく違う感情を見分けることはできなかった。

もちろん、市場調査がいつも間違っているわけではない。『オール・イン・ザ・ファミリー』がもっと伝統的な番組で、アーロンチェアがそれ以前のデザインを少し手直ししただけの製品だったら、消費者の反応を測定するのはそれほど難しくなかっただろう。

しかし、革新的な製品やアイデアを調査するとなると話は別だ。そういう場合は消費者の第一印象を解釈する必要がある。それを理解している企業だけが大きく成功できる。市場調査が人気があるのは、確かなデータが数字で出るからだ。判断の根拠を聞かれたら、数字を示して答えられる。だが本当のところ、重要な判断に関して確かなことなどありはしない。ケンナの市場調査の結果はひどかった。でもそれがどうしたというのだ？　彼の音楽は新しくて変わっていた。そういうものこそ、市場調査で敬遠されやすいのだ。

味覚のプロの特殊技能

ある晴れた夏の日、私はニュージャージー州でセンサリー・スペクトラムという会社を経営している二人の女性と昼食をとった。二人の名前はゲイル・バンス・シビルとジュディ・ヘイルマン。彼女たちは食品の試食を仕事にしている。たとえばフリト・レイ社が新しい味のトルティーヤチップを作ったときに、その製品の試作品がトルティーヤチップの製品群の仲間入りできるかどうかを知る必要がある。従来のドリトスの品揃えと比べて味がどのくらい変わったか？　ケープ・コッド・トルティーヤチップと比べてどうか？　塩味をもう少し強くしたほうがいいだろうか？　そんなとき、彼らはシビルとヘイルマンに製品を送る。

試食のプロと食事をするなんてやりにくい仕事だ。かなり悩んだ末に私はマンハッタンのダウンタウンにあるル・マドリというレストランを予約した。本日のお勧め料理を全部復唱すると五分くらいかかるような店だ。

店に着くと、ビジネススーツに身を包んだおしゃれな二人が席に着いていた。彼女たちはすでにウェイターと話をしていて、シビルは思い出しながらその日のお勧め料理を教えてくれた。当然ながら、料理を選ぶだけでかなり時間がかかった。ヘイルマンはパスタを選んだ。前菜はセロリとタマネギのみじん切りを散らした焼きカボチャのチャウダー。ベーコンと一緒に煮込んだインゲン豆と生クリームで仕上げをし、賽の目のカボチャ、炒めたセージ、炒ったカボチャの種をあしらってある。シビルはサラダのあとにリゾットを頼んだ。プリンス・エドワード島産ムール貝とマニラ産ハマグリを使い、仕上げにイカ墨をたらしてある（ル・マドリの料理はどれもかなり手が込んでいる）。注文が済むとウェイターがヘイルマンにスープ用のスプーンを運んできた。するとシビルはスプーンをもう一本頼み、「私たちどの料理も分けて食べるから」と言った。

「会社の人たちと何人かで出かけるとすごいのよ。パンの取り皿を回すの。自分で注文した料理は半分になるけど、ほかの人の料理を少しずつ全種類味見できるわ」とヘイルマンは言った。

スープが来た。二人とも食べ始めた。シビルは「まあ、素晴らしい」と言って、天井を見上げた。そして私にスプーンを差し出して「食べてごらんなさい」と勧めてくれた。二人とも一度に食べる量は少ないが、スピードは速い。しかも食べながら次から次へといろんな話をする。二人とも面白く、すごい早口だ。でも食べるほうがおろそかになることはない。むしろ次の一口への期待を高めるためにしゃべっているようだ。そして一口食べたとたんにすっかり我を忘れたような表情になる。ヘイルマンとシビルは食べ物を試食するだけではない。食べ物について考え、食べ物を夢見る。彼女たちと食事をするのは、ヨーヨー・マとチェロを買いに行ったり、ジョルジオ・アルマーニが朝、今日は何を着ようかと迷っているときにたまたま彼の家に立ち寄るようなものだ。

「私と暮らしているといつも試食ばかりしてるような気がするって夫は文句言うの」とシビルは言う。「みんな、私といると気が休まらないみたい。でもつまらない話はやめましょう。『恋人たちの予感』っていう映画の食事シーンはご存知？　本当においしいものを食べると私、あんなふうになるのよ」

ウェイターがデザートの注文を取りにきた。クレーム・ブリュレ、マンゴとチョコレートのシャーベット、ストロベリーサフランとスイートコーンのソースをかけたバニラジェラートの三種類だ。ヘイルマンはジェラートとシャーベットを選んだ。もちろんクレーム・ブリュレのことも真剣に悩んだ。「クレーム・ブリュレを食べればそのレストランのレベルがわかるわ。決め手はバニラの質ね。材料をあれこれ混ぜてあるのはだめよ。素材の味がわからなくなるから」

シビルはエスプレッソを頼んだ。最初の一口を飲んだあと、ほとんどわからないくらいに顔をしかめた。「まあまあね。ワインのような滑らかさがないの。どこか木のようにざらついた感じ」

そのあとでヘイルマンは「再加工」の話をした。一部の食品工場で行われていることで、ある製品を作るのに余ったり、使えなかった材料を別の製品で再利用することを言う。「クッキーやクラッカーを食べてみれば、どこの工場で作ったかだけでなく、どんな再加工をしたかまでわかるわ」

シビルが割って入る。前の晩、彼女は二種類のクッキーを食べたと言う。そして彼女はここで有名ブランドの名前を二つ挙げた。「再加工しているのがわかったわ」

そう言うと彼女はもう一度顔をしかめた。「こういうスキルを身につけるには何年もかかるのよ。二〇年くらいかしら。医師になるのにインターンを終えてからレジデントになるように、順番に研修を受けるの。そして何度も同じことを繰り返していくうちに、甘さ、苦さ、カラメルの風味、柑橘系の風味といった特徴を客観的に表現できるようになるの。柑橘系ならレモン、ライム、グレープフルーツ、オレンジの風味の強さまで言えるようになるわ」

　要するにヘイルマンとシビルはプロなのだ。彼女たちでもペプシ・チャレンジのからくりにだまされるだろうか？　もちろんそんなことはないだろう。クリスチャン・ブラザーズのパッケージに惑わされるはずもないし、本当に嫌いなものとなじみがないだけのものの違いにとまどうこともあるまい。専門知識という特殊な技能のおかげで、無意識という閉じた扉の奥で起きていることをより深く理解できるのだ。

　これはケンナの物語の最後にして最も重要な教訓でもある。業界の人々やロキシーに集まった客やＭＴＶ２の視聴者の熱狂的な反応よりも、市場調査の結果を重視することがなぜ間違っているのかを教えてくれるからだ。プロの第一印象は「違う」のだ。普通の人と好みが違うという意味ではない。そういうこともあるにはあるが、何かに秀でると、好みは難解で複雑になる。そして自分の好みについて的確な説明をできるのはプロだけなのである。

自分の考えを知る能力の喪失

　前の章で紹介したジョナサン・スクーラーはティモシー・ウィルソンとともに、この違いを見事に示す実験を行った。イチゴジャムを使った実験だ。「コンシューマー・リポート」誌が食品のプロを集めて、食感と味についての具体的な測定方法に基づいて、四四種類のジャムに順位をつけさせた。そして一位、一一位、二四位、三二位、四四位のジャム（ノッツ・ベリー・ファーム、アルファ・ベータ、フェザーウェイト、アクメ、ソレル・リッジ）を大学生のグループに食べさせた。大学生の判定がプロにどれくらい近づくかを調べるのが狙いだった。

その結果、両者はかなり近かった。大学生はノッツ・ベリー・ファームを二位に、アルファ・ベータを一位に選んだ（上位二つの順位はプロとは逆だ）。大学生もフェザーウェイトを三位に選んだ。またプロと同じく大学生もアクメとソレル・リッジの評価が最も低かった。ただしプロとは順位が逆で、アクメが最下位だった。そして、学生の評価とプロの評価の相関係数は（簡単に言えば、双方の評価の方向性がどのくらい似通っているかを数値化したもの）〇・五五だった。かなり高い値だ。つまり、普通の人でもジャムの味を正しく評価できるということだ。ジャムのプロでなくても、食べてみればおいしいかどうかわかるのだ。

だが紙を渡して、あるジャムより別のジャムのほうがおいしいと思う理由を挙げてもらったらどうだろうか。結果は悲惨だった。ウィルソンとスクーラーは別の大学生のグループに順位の理由を文章で説明させた。すると、プロが一位に選んだノッツ・ベリー・ファームのジャムは下から二番目に、プロが最下位に選んだソレル・リッジは三位になった。総合的な相関係数は〇・一一に下がった。両者の評価の間に意味のある関係は見られないということだ。

第４章で触れたスクーラーの実験を思い出す。あのときは思考プロセスを書き出させることで、なぞなぞを解く洞察力が損なわれてしまった。今度も大学生にジャムのおいしさを考えさせたら、ジャムの味がよくわからなくなった。

しかし、以前に論じたのは問題を解く能力を損なう事柄についてだった。ここで取り上げているのはもっと根本的な能力、すなわち自分の考えを知る能力の喪失だ。ジャムについての感想さえ、言葉では説明できない。どのジャムがおいしいか無意識のレベルではわかる。ノッツ・ベリー・ファームだ。でもなぜそう思うのか、しかるべき言葉で説明しろと急に言われても、その言葉の意味がわからない。たとえば食感、いったいどういう意味だろう？　これまでジャムの食感について考えたことなんてないかもしれないし、そもそも深いレベルではあまり気にしていない特徴なのかもしれない。だが今、食感という概念が意識に加わった。食感について考えてみて、ちょっと変かもしれないと判断する。もしかするとこのジャムはおいしくないのかもしれないと思う。

ウィルソンが説明するように、私たちはあるものをなぜ好きなのか、あるいは嫌いなのかについてもっともらしい理由を思いつき、本当の好みをその理由に合わせてしまう傾向がある。

第一印象を再現できるプロ

一方、プロが感想を語るときはそんな問題は起きない。試食のプロは、特定の食品に対する感想を正確に表現する具体的な語彙（ごい）を学んでいる。たとえばマヨネーズは外見六項目（色、彩度、色相、輝き、ふくらみ、泡）、食感一〇項目（唇に触れたときのべたつき、柔らかさ、濃さなど）、風味一四項目にわたって評価することになっている。風味はさらに匂い（卵、マスタードなど）、基本的な味（塩味、酸味、甘味）、化学的要素（酸化、刺激、渋味）の三項目に分かれる。それぞれの要素を一五段階で評価する。たとえば口に入れたときの食感について表現したいときは、滑らかさを見る。滑らかさを一六段階で評価すると、〇は滑らかでない、一五はとても滑らかとなる。ガーバーのベビーフード「ビーフとグレービーソース」は二、ホイットニーのバニラヨーグルトは七・五、ミラクルホイップは一三だ。ミラクルホイップほど滑らかではないが、ホイットニーのバニラヨーグルトよりも滑らかならば、たとえば一〇となる。歯ごたえはどうだろう。クエーカーのチョコレートグラノラバーは二、キーブラーのクラブクラッカーは五、ケロッグのコーンフレークは一四だ。これらの項目に沿ってスーパーのあらゆる食品を分析できる。試食のプロはこのような尺度を長年使ってきているので、それが無意識の中に埋め込まれている。

「私たち、オレオのクッキーを試食したばかりなのよ。見た目、風味、食感の合計九〇項目について分析したの」とヘイルマンは言って、一瞬黙った。頭の中でオレオの感想をもう一度組み立てているのがわかる。「そのうち重要なのは一一項目という結論になったわ」

無意識の感想は閉じた部屋から出てくる。部屋の中はのぞけない。でも経験を重ねれば、瞬時の判断と第一印象の裏にあるものを解釈し、意味を読み取れるように行動し、自分を訓練できるようになる。精神分析で行われていることに似ている。患者は訓練を受けたセラピストの助けを借りて、長年、無意識を分析しているうちに、自分の心の働きがわかるようになる。ヘイルマンとシビルのしてきたことも同じだ。ただし彼女たちは精神を分析したわけではなく、マヨネーズやクッキーに対する感想を分析したのだ。

プロはみな多かれ少なかれ似たようなことをしている。ゴットマンは夫婦を見たときの自分の直感的な反応に満足できなかった。そこで大勢の夫婦の会話をビデオに録画して、それをひとコマずつに分け、データをコンピュータで処理した。今ではレストランで隣に座った夫婦の仲さえ、自信を持って輪切りできるようになった。テニスコーチのヴィク・ブレーデンは選手がダブルフォールトしそうなときになぜそれがわかるのか、理由がわからないことが不満だった。そこで今、生体力学の専門家とチームを組んで、プロのテニス選手がサーブを打つところをビデオに撮影し、コンピュータで分析しようとしている。選手の動きのどこを無意識に拾ったのか正確に突き止めるつもりだ。

トマス・ホービングはなぜ最初の２秒でゲッティのクーロス像が偽物だと確信できたのだろうか？　それは彼がそれまでに数多くの古代の彫刻を見てきて、頭をよぎる第一印象を理解し、解釈する方法を学んできたからだ。「ニューヨークのメトロポリタン美術館に勤め始めて二年目に、運のいいことにヨーロッパから来た学芸員からいろんなことを教わった。閉館後、毎日のように倉庫の作品をケースから出して、テーブルの上に並べては鑑賞した。毎晩十時まで何千点という作品を勉強したんだ。ただ眺めていただけじゃなく、夢中で観察した」とホービングは語る。彼は毎晩、倉庫で無意識下に一種のデータベースを構築してきた。作品についての自分の感想と、その作品のスタイル、背景、価値について公式に理解されている内容を一致させる方法を学んだ。どうやら私たちは、自分の得意なこと、いつも気にかけていることに関しては、経験と情熱で第一印象の質を高めていけるらしい。

もちろん、興味や経験のないことについての感想がいつも間違っているというのではない。ただ見方は浅くなる。うまく説明できないし、すぐに混乱してしまう。しっかり理解していないからだ。たとえばあなたはコークとペプシの違いを正確に説明できるだろうか？　これはかなり難しい。シビルやヘイルマンのような試食のプロなら同じ種類の製品を比べるのにＤＯＤ（degree-of difference 差の程度）というスケールを使う。〇～一〇の一一段階で評価し、まったく違えば一〇、同じ製品の加工段階の誤差程度の違いなら一か二になる。たとえばワイズとレイズの塩とビネガー味のポテトチップのＤＯＤは八だ（「全然違うわよ」とヘイルマンは言う。「ワイズは色が濃いし、レイズは見た目が均一で味があっさりしてるの」）。ＤＯＤが五か六の製品はかなり似ているが、区別はできる。しかしコークとペプシは四だ。場合によってはもっと低くなることもある。特にコークが少し古くなって炭酸が抜け、バニラ風味が目立つようになり、プルーンの味がすると似てくる。

つまり、コークとペプシについての感想を尋ねても、大方の答えはあまり役に立たないということだ。好きかどうかは答えられる。炭酸の強さ、風味、甘さ、酸っぱさといった特徴についてだいたいの感想は言える。だがＤＯＤが四では、コークとペプシについて訓練を受けた人でもない限り、微妙な違いはわからない。

コークしか飲まない熱烈なファンはこれを読んで怒っているかもしれない。確かに私の言っていることは失礼だ。あなたはコークとペプシの違いくらいわかると思っているのだろう。よろしい。

たとえＤＯＤが四だとしても、あなたが両者を区別できるという主張は認めよう。しかし、一度自分で確かめてみてはどうだろうか。

誰かにペプシとコークを別々のグラスに注いでもらって、どっちがどっちか当ててみてほしい。これは当たったとしよう。おめでとう。ではもう一度テストする。今度は少しやり方を変えよう。グラスを三つ用意して、そのうちの二つに同じ飲み物を注ぎ、残りのひとつにもう一方の飲み物を注いでもらう。飲料業界でトライアングルテストと呼ばれている方法だ。今度はどれがコークでどれがペプシか当てなくていい。代わりに三つのうちどれがほかの二つと違うか当ててほしい。意外に難しい。一〇〇〇人が試したとして、せいぜい三分の一程度しか当たらない。偶然の確率と大差ない。当てずっぽうでもそのくらいの数字にはなる。

初めてトライアングルテストのことを聞いたとき、私は何人かの友人に試してみた。誰一人当たらなかった。教育を受けた思慮深い人ばかりだ。ほとんどはコークやペプシをよく飲んでいて、結果を信じられない様子だった。彼らは大騒ぎして、私がごまかしたのだろうと疑った。近所のペプシとコークの製造所に原因があると言う者もいた。当てにくいように三つのグラスの順番を操作したのだろうと言う者もいた。誰も事実を認めたがらなかったが、彼らのコークとペプシについての知識はかなり浅かったのだ。グラス二つなら、二通りの第一印象を比べるだけでいい。だが三つになると、最初と二番目に飲んだものの味を言葉で表現して記憶に留め、たとえ短時間でも、束の間の感覚を何か恒久的なものに置き換えないといけない。それには味覚を表す語彙の知識と理解が必要だ。

ヘイルマンとシビルならトライアングルテストでも正しく答えるだろう。そのための知識があり、第一印象を再現できるからだ。私の友人たちはそうはいかなかった。彼らはコークやペプシをたくさん飲んでいるが、それについて深く考える機会はない。彼らはプロではないし、プロになるように強要して説明を求めても、役に立つ答えは出てこない。

ケンナにもこれと同じことが起きたのではないだろうか?

「レコード会社のやり方はひどすぎる」

いろいろあったが、ケンナはついにコロンビア・レコードと契約し、『ニュー・セイクリッド・カウ』というアルバムを出した。その後初のツアーに出て、アメリカ西部から中西部にかけて一四の町で歌った。最初は静かだった。ケンナは別のバンドの前座として三五分歌った。彼が出演することすら知らない観客が多かった。でもいったん歌を聴くと、みんな夢中になった。彼はアルバムの中から一曲選んでビデオを作った。すると、ある音楽専門チャンネルの賞にノミネートされた。各地の大学のラジオ局が『ニュー・セイクリッド・カウ』を流し始め、学生の間で人気は上がり始めた。その後テレビのトーク番組にも何度か出演した。だが大きな成果は上がらず、アルバムは売れなかった。最初のシングルをラジオの「トップ40」で流してもらえなかったからだ。

また振り出しに戻った。音楽の世界のプロたちはケンナのことを気に入っていた。クレイグ・コールマンはデモテープを聴いてさっそくケンナに電話をかけ、「すぐに会いたい」と言った。フレッド・ダーストは彼の曲を電話越しに聴いて、売れると判断した。ポール・マクギネスは彼をアイルランドに呼んだ。第一印象を組み立てる方法、第一印象をとらえる言葉、第一印象を理解するための経験を備えた人々がケンナを気に入った。これだけの評価が揃えば、疑わしい市場調査の結果より価値があるはずだ。しかしラジオの世界は食品やハーマン・ミラーの家具製作者の世界ほど物分かりがよくなかった。彼らは当てにならないシステムのほうを選んだのだ。

「たぶんフォーカスグループを集めて調査したら、『こんな曲は売れない』という結果が出たんだろう。彼らは調査の結果がよくなければ金を出さないんだ」とケンナは言う。

「でも、それでは僕の音楽のよさはわからない。僕の音楽にはリスナーとの信頼関係が必要なんだ。だけどこの業界には信頼関係なんてないらしい。本当に残念で、やりきれないよ。夜眠れないこともある。気持ちばかり焦るんだ。でも評価はともかく、僕は歌うことができる。みんなの反応は大きいし、素晴らしい。おかげで次の日も頑張ろうという気になるんだ。彼らはコンサートのあとで僕のところにきて励ましてくれる。『レコード会社のやり方はひどすぎる。でも君には僕らがついてるさ。友達みんなに君のことを話すよ』と言ってくれるんだ」

第6章

心を読む力

無意識を訓練する

ニューヨーク、ホイーラー通りの悲劇

ニューヨーク市サウスブロンクス。サウンドビューにあるホイーラー通り一一〇〇番地のあたりは二階建ての質素な家やアパートが並ぶ狭い通りだ。一方の端からは近所の買い物客でにぎわうウェストチェスター通りに出る。一一〇〇番地台はそこから二〇〇ヤードほど続いていて、通りの両側には街路樹が並び、その下に車が二列に停まっている。建物は二〇世紀初期に建てられたものだ。正面を赤レンガで飾り、階段を四、五段上った先に玄関のある建物が多い。低所得の労働者階級が住む地区で、一九九〇年代後半には、特にウェストチェスター通り周辺と、ホイーラー通りのすぐ隣にあるエルダー通りで麻薬の売買が頻繁に行われていた。サウンドビューは移民が安くて地下鉄に近い物件を探して移り住んでくる町だ。アマドゥー・ディアロも、そのような理由でホイーラー通りに住み始めたのだった。

ディアロはギニア生まれ。一九九九年当時、二二歳の彼はマンハッタンで物売りをしていた。一四丁目の路上でビデオや靴下を売っていた。性格は控え目、身長は一六八センチ、体重は六八キロと小柄だ。ホイーラー通り一一五七番地にある間口の狭いアパートの二階に住んでいた。

一九九九年二月三日の深夜、ディアロは午前零時を回る前に帰宅した。ルームメートと話したあと一階に下りて、アパートの入口にある階段の上で夜の空気を吸っていた。数分後に私服警官の一団が、覆面パトカーのフォード・トーラスに乗ってゆっくり角を曲がり、ホイーラー通りに入ってきた。警官は四人いた。全員白人でみなジーンズにトレーナーを着て、野球帽を被り、防弾チョッ

キを身につけていた。また全員が警官に支給される九ミリ口径のセミ・オートマチック拳銃を持っていた。彼らはニューヨーク市警に特別に設置された街頭犯罪防止部隊に所属し、低所得者の住む犯罪の多い地域を重点的にパトロールしていた。車を運転していたのはケン・ボス（二七歳）。助手席にはショーン・キャロル（三五歳）、後ろにはエドワード・マクメロンとリチャード・マーフィー（いずれも二六歳）が乗っていた。

最初にディアロを見つけたのはキャロルだ。「ちょっと待て」と彼はほかの三人に言った。「あの男、何してるんだ？」。のちに彼は、そのとき二つの考えが浮かんだと語っている。押し込み強盗（訪問客の振りをして戸を開けさせて中に押し入る強盗）の見張り役をしているのかもしれないという考えと、一年ほど前から近所に出没している連続レイプ魔の人相によく似ているという考えだった。「彼はただそこに立っていた」とキャロルはそのときの光景を振り返る。「玄関先の階段の上に突っ立って、通りをきょろきょろ眺め、顔を突き出したかと思うと引っ込めて、壁にもたれたりしていた。しばらくの間、彼はそんなふうに下を見たり、正面を見たりしていた。私たちの車が近づくと中に入ろうとしたように見えた。まるで姿を見られたくないみたいだった。前を通り過ぎたときにも彼を見ながら、この男は何をしているんだろうと考えた」

ボスは車をバックさせて、一一五七番地の正面に停めた。ディアロはまだそこにいた。それを見てキャロルは「驚いた」と後に語っている。「何かの事件に違いないと思った」。キャロルとマクメロンは車を降りた。マクメロンは「警察だ」と言って、バッジを高く掲げて見せた。「ちょっと話を聞かせてくれないか」

ディアロは答えなかった。ディアロにはどもる癖があって、何か言おうとしたが言えなかったのかもしれないことが、あとでわかった。英語も下手だった。彼の知り合いが武器を持った男たちに襲われたばかりで、脅えていたのだという説もある。真夜中過ぎに治安のよくない地域で、野球帽を被った二人の大男が、防弾チョッキで着膨れした姿で大股で近づいてきたのだ。ディアロは一瞬ためらったあと、建物の中に慌てて逃げ込んだ。キャロルとマクメロンはあとを追いかけた。ディアロは内扉のドアノブを左手で握り、警官の証言によれば、身体を横に向けて右手をポケットに突っ込んだ。「両手を見せろ！」とキャロルは大声でどなった。マクメロンも「ポケットから手を出せ。俺に撃たせないでくれ！」と叫んでいた。だがディアロはますます慌てた。キャロルも不安になった。ディアロが横を向いたのは、右手を隠すためだったように見えたからだ。

「私たちは確か入口の階段の上にいて、彼が内扉を通り抜ける前に捕まえようとしていた。彼は振り返って私たちを見た。手はまだドアノブを握っていた。そして右側から何か黒い物を出そうとしていた。何かが出てきた。先のほうしか見えなかったが、黒い銃のスライドに見えた。それまでの経験と訓練、そして以前に犯人を逮捕したときの状況から考えて、男が銃を取り出そうとしていると思った」とキャロルは回想する。

キャロルは叫んだ。「銃だ！　銃を持ってるぞ！」

ディアロは動きを止めなかった。彼はなおもポケットの中で何かを探り、黒い物を警官に向けようとしていた。キャロルは拳銃を撃った。マクメロンは本能的に後ろ向きにジャンプして階段を飛び下り、尻餅をついた。ジャンプしながら拳銃を撃っていた。彼の撃った弾が内扉に当たって跳ね返るのを見て、キャロルはディアロが発砲したものと勘違いした。マクメロンが後ろ向きにふっ飛んだのは、ディアロに撃たれたからだと思った。彼は訓練された通りに、的（まと）に狙いを定めてなおも撃ち続けた。セメントや木の破片があたりに飛び散った。銃口から出る光と弾が発する火花であたりはぱっと明るくなった。

　ボスとマーフィーも車を降りて、アパートのほうに駆け寄ってきた。「エド・マクメロンが見えました」とボスは後日証言している。四人の警官は第一級故殺罪と第二級殺人罪で裁判にかけられたのだ。「彼は玄関の左手にいて、階段の上から後ろ向きに落ちてきたんです。その時ショーン・キャロルは右手にいて、階段を下りてきました。大慌てで、必死の形相で駆け下りてきました。階段から少しでも離れようと必死でした。エドは歩道の上でした。銃声が立て続けに聞こえ、駆け寄るとエドが撃たれていた。私にはそう見えた。エドは銃を撃っていました。ショーンは玄関に向けて撃っていました。……それからミスター・ディアロの姿が目に入りました。彼は玄関奥の内扉のあたりで、むこうを向いていました。身体の位置はその内扉の脇でした。そして、しゃがみ込んでいました。しゃがんで、手を伸ばしていて、銃が見えました。その時『大変だ。死ぬかもしれない』と思いました。それで銃を撃ったのです。同時に後ろに下がり、左側に身をよけました。弾の当たらない場所に移動したんです。……彼は膝を曲げて、背中はまっすぐ伸ばしていました。小さい的に狙いを定めるように。警察学校で習った銃撃戦の構えにそっくりでした」

その時、検事が話をさえぎり、ボスに質問した。「彼の手はどうなっていた？」

「伸ばしていました」

「まっすぐに？」

「まっすぐです」

「手に何か持っているのが見えた。そうだね？」

「そうです。銃を握っているのが見えたように思いました。……武器に見えました。手には角張った武器が握られていました。周りで銃声が続き、硝煙が立ち込め、エド・マクメロンが尻餅をついていた。その瞬間、男が持っているのは銃だと確信した。エドを撃ち、次は私を撃つんだ、と」

キャロルとマクメロンは一六発ずつ撃った。いずれも弾倉が空になっていた。ボスは五発撃ち、マーフィーは四発撃った。静かになった。警官たちは拳銃を握ったまま階段を上り、ディアロに近づいた。「右手を見た」とボスはのちに語った。「手を外に伸ばしていて、手のひらは開いていた。銃があるはずの場所には札入れがあった。……思わず『いったいどこに銃があるんだ』と口走っていた」

ボスはウェストチェスター通りまで走っていった。大声で叫んだり、銃を撃ったりしている間に、自分たちがどこにいるかわからなくなったのだ。その後救急車が到着しても、彼はひどく取り乱していて口をきけなかった。

キャロルは何発も弾丸を受けたディアロの死体の脇に腰を下ろし、泣き出した。

致命的な三つの間違い

瞬時の認知のうち最も一般的で重要なのは、おそらく他人に対する判断や印象だろう。誰かと一緒にいるときは、その人が何を考え、感じているのか、絶えず予測したり推理したりしている。誰かが「愛してる」と言ったら、相手の目を見て本気かどうか確かめる。初対面の人に会ったら、微妙な合図を察知して、たとえ相手が普通に愛想よく話していても、あとから「彼は私のことが気に入らなかったみたいだ」とか「彼女はあまり楽しそうじゃなかった」と言ったりする。私たちは顔の表情の複雑な特徴をいとも簡単に解析する。たとえば、私が目を輝かせてにっこり笑うのを見たら、私が楽しんでいると思うはずだ。でも唇の端をぎゅっと結んで、大げさな笑顔でうなずくのを見たら、誰かにからかわれて、皮肉っぽい表情を返しているのだと思うだろう。誰かと目を合わせたり、ちょっとほほ笑んだあとで、視線をそらして下に向ければ、相手の気を引こうとしていると思われる。何か言ってから一瞬ほほ笑み、うなずいたり、首をかしげたりしたら、少しきついことを言ったあとで、雰囲気を和らげようとしていると思われる。こうした判断に、話の内容は関係ない。見ただけで、一瞬でわかるひらめき、第1感である。

床の上で遊んでいる一歳児に近づいて、少し困らせてみよう。たとえば両手で子どもの手を包んでみる。その子はすぐにあなたを見上げ、目をのぞき込むだろう。あなたの行動の意味を探るためだ。顔を見れば答えがわかることを、その子は本能的に知っている。表情から他人の動機や意図を推理する行為は、典型的な「輪切り」である。瞬時に、かすかな手がかりを見つけて人の心を読む。人間の直感的な反応のうち、これほど基本的かつ自動的で、しかもたいていの場合に適切な答えを出せるものは他にないだろう。だが一九九九年二月四日の午前零時過ぎ、ホイーラー通りをパトロールしていた四人の警官は、この最も基本的な作業で失敗した。そしてディアロの心を読みそこなった。

まず、ショーン・キャロルはディアロを見て、車に乗っていたほかの警官に「あの男、何してるんだ？」と言った。ディアロは冷たい空気を吸っていたのだ。だがキャロルは彼の姿を見ただけで、瞬間に怪しいと判断した。第一の間違いだ。その後彼らは車をバックさせたのに、ディアロはその場を動かなかった。キャロルはのちにそのことに「驚いた」と語っている。「警官の姿を見ても逃げないなんて、なんてあつかましい奴だ」と思ったのだ。あつかましかったわけではない。好奇心が強かったのだ。これが第二の間違い。次にキャロルとマーフィーは階段を上って内扉の前にいるディアロに近づき、彼が少し身体を傾け、ポケットに手を入れるのを見た。その瞬間、二人はディアロを危険人物と決めつけた。でも彼は危険人物ではなかった。脅えていただけだ。これが第三の間違いだ。普段、私たちは怪しい人とそうでない人、あつかましい人と好奇心が強いだけの人、そして何より脅えている人と危険人物を一瞬のうちにやすやすと見分けることができる。夜遅い時間に町中を歩く人は、常にそのような瞬時の計算をしている。だがあの夜、四人の警官はどうしたわけか最も基本的な人間の能力から見放されていた。なぜだろう。

このような間違いは珍しいことではない。誰でも人の心を読み間違える。数々の議論や意見の食い違い、誤解、感情の傷つけあいの原因となっている。このような失敗は一瞬の出来事だし、不可解すぎて、どう解釈すればいいのかよくわからない。

ディアロが銃殺されてしばらくして、この事件が世界中に知れ渡ると、その夜の出来事を巡る議論は真っ二つに分かれた。ただのとんでもない事故にすぎないと言う人々がいた。警察官は不確かな状況で生きるか死ぬかの判断を迫られることがあり、事故は避けようがないと言うのだ。ディアロ事件の裁判で陪審はそう判断した。そして四人の警官は全員無罪放免になった。一方で、紛れもなく人種差別が引き起こした事件だと見る人々もいた。ニューヨーク市のあちこちで抗議運動やデモが行われた。ディアロは人種差別の犠牲者に祭り上げられた。ホイーラー通りはアマドゥー・ディアロ・プレースと名前を変えた。ブルース・スプリングスティーンは彼のために『アメリカン・スキン（四一発の銃弾）』という曲を書いて、みずから歌った。サビの部分では「アメリカで暮らしていたばかりに殺されてしまった」と歌っている。

だが、いずれの説明も納得のいくものではない。ディアロ事件の四人の警官が悪人だとか人種差別主義者だとか、最初からディアロを捕まえようとしていたという証拠はない。一方で、この事件をただの事故と言い切るのも違うように思う。彼らの行動は警官としてあるまじきものだったからだ。彼らは続けて重大な判断ミスを犯している。その最初が、家の外で新鮮な空気を吸っていただけの男を犯罪者かもしれないと思い込んだことだ。

つまり、ディアロ銃殺事件は両者の中間に収まる。意図的な事件と事故の中間だ。心を正しく読めないと、ときにはこういうことが起こる。瞬時の認知に失敗したほかの例のように、いつもわかりやすく派手な結果になるとは限らない。今回の結果は微妙で複雑で、あまりにありふれた出来事だ。ホイーラー通りでの出来事はマインドリーディングの仕組みを示し、それがときには大失敗することもあることの貴重な教訓である。

顔の表情を解読する

マインドリーディングについて私たちが理解していることの多くは、二人の著名な科学者シルバン・トムキンスとポール・エクマンの研究の成果だ。二人は師弟関係にあり、トムキンスが先生だった。彼は二〇世紀初頭にフィラデルフィアでロシア出身の歯医者の息子として生まれた。小柄で腹が出ていて、白髪をたてがみのように伸ばし、大きな黒縁眼鏡をかけていた。プリンストン大学とラトガーズ大学で心理学を教え、四巻からなる大著『情動、イメージ、意識』（未邦訳）を執筆した。この本はあまりに難解で、読者の評価は二つに分かれ、内容を理解したうえで素晴らしいと言う人と、内容を理解できないままにやはり素晴らしいと言う人がいた。彼は話し好きで有名だった。パーティが終わる頃にはトムキンスの周りに人々が座り込み、夢中で話を聞いていた。誰かが「もうひとつ質問があります！」と言うと、それからまた一時間半、誰もその場を動かず、漫画本やテレビのコメディ番組、感情の生物学や哲学者カントの話、そして彼が夢中になっている最新流行のダイエットの話などを聞いた。トムキンスは何を話し始めても次々に脱線していった。

　大恐慌の頃はハーバード大学の博士課程で研究の真っ最中だったが、競馬場の予想屋のバイトをしていてよく当たり、おかげでマンハッタンのアッパー・イースト・サイドで贅沢な暮らしができた。競馬場ではスタンドに何時間も座り続けて、双眼鏡で馬を観察していたものだから、「教授」として知られていた。「先生はある馬の両隣をどの馬が走るかを見て、馬どうしの関係に基づいてどの馬が勝つか予測するシステムを組み立てていた」とエクマンは回想する。たとえば、ある牡馬が最初の年か二年目にある牝馬に負けたとする。その牡馬が当の牝馬の隣のゲートに入ると、牡馬は力を出し切れない（あるいは、確かなことはわからないがそれに近いことが起こる）。

　顔（馬の顔も含めて）には心の中の感情や動機を知る貴重な手掛かりがあるとトムキンスは信じていた。郵便局に貼ってある「お尋ね者」のポスターの前に行き、顔写真を見ただけで何をしたのか当てたという伝説もある。「父は嘘つき探しのテレビ番組を見ていて、どの出演者が嘘をついているかを毎回当てることができた」と息子のマークは言う。「父はあるときプロデューサーに手紙を書いて、簡単すぎると文句を言ったことがある。そのプロデューサーは父をニューヨークに招いて、舞台裏から嘘つきを当てさせたそうだ」

　ハーバード大学で心理学を教えているバージニア・デモスは、一九八八年の民主党全国大会の最中にトムキンスと長話をしたときのことを覚えている。「私たち、電話で話してたの。彼はたとえばジェシー・ジャクソンがマイケル・デュカキスに話しかけているときに、テレビの音を消した。そして顔の表情を読んで、次にどうなるか予測した。それはお見事だったわ」

ポール・エクマンが初めてトムキンスに会ったのは一九六〇年代初期のことだ。エクマンは当時大学院を出たばかりの若い心理学者で、顔の研究に興味を持っていた。人間が浮かべる顔の表情を支配する共通のルールのようなものはあるのか、知りたいと思っていた。トムキンスは、ルールはあると答えた。だがほとんどの心理学者は、そんなものはないと考えていた。

当時、顔の表情は文化によって決まるものと考えられていた。すなわち、私たちは学習した社会のしきたりに従って顔の表情を使っているにすぎないとされていた。エクマンにはどちらが正しいのかわからなかった。そこで答えを見つけるために、日本、ブラジル、アルゼンチンを訪れ、さらには極東の人里離れた土地に住む民族まで訪ねていった。そのとき、さまざまな表情を浮かべた男女の写真を持っていった。驚いたことにどの国でも、写真の表情が何を意味するかについての人々の意見は一致した。トムキンスが正しかったのだ。

しばらくして、トムキンスはサンフランシスコの研究室にいたエクマンを訪ねた。エクマンはウイルス学者カールトン・ガイジュセクがパプアニューギニアの人里離れたジャングルで撮影した大量のフィルムを見つけていた。フィルムには平和で友好的なサウス・フォアという部族と、敵対心の強い残忍なクククククという部族が映っていた。クククククには同性愛の習慣があり、思春期前の少年が年上の男性の相手をさせられていた。エクマンと彼の協力者ウォレス・フリーセンは半年かけてフィルムを分類し、いらない場面をカットして、部族民の顔を映し出した映像だけを集め、二つの部族の顔の表情を比較した。

エクマンがプロジェクターの準備をする間、トムキンスは後ろで待っていた。フィルムに出てくる部族のことは何も話さなかった。部族を特定できるような背景はすべて消してあった。トムキンスは眼鏡の奥から熱心に映像を見つめた。フィルムが終わると彼はスクリーンに近づいて、サウス・フォアの人々の顔を指して、「彼らは穏やかで優しい人たちだ。寛大で平和に暮らしている」と言った。次にクククク の人々の顔を指して、「もうひとつのグループは凶暴だ。同性愛の形跡があちこちに現れている」と言った。

三〇年ほどたった今でもエクマンはトムキンスを超えられずにいる。「『先生、どうしてそんなことがわかるんです』と聞いたのを覚えている。トムキンスはスクリーンに近づいた。フィルムをスローモーションで逆回しすると、彼は判断の根拠になった顔の膨らみやしわをひとつずつ示した。そのとき私は『顔を解読する必要がある』と気づいた。これまで誰も気づかなかったが、顔は情報が詰まった宝の山だ。先生にはそれが見えるらしい。先生に見えるなら、ほかの人にだって見えるはずだと思った」

エクマンとフリーセンはその場で顔の表情の分類法を考案しようと決めた。彼らは顔の筋肉について概説した医学書をすみずみまで調べ、あらゆる顔の筋肉の動きを確認した。動きは全部で四三種類あった。彼らはこれをアクションユニット（AU）と呼んだ。次に彼らは何日も続けて向かい合って座り、アクションユニットをひとつずつ順番にやってみた。最初は頭の中で筋肉の位置を確かめ、次にその筋肉だけを動かすことに集中した。同時に互いに相手の顔をよく観察し、鏡で動きを確かめ、それぞれの筋肉の動きによって顔のしわの模様がどう変化するかを書き留め、顔の動きをビデオで記録した。たまにできない動きもあった。そんなときは隣の解剖学部に行き、知り合いの外科医に頼んで、言うことをきかない筋肉を針でつついて電気刺激を与えてもらったりした。エクマンによれば、「あまり気持ちのいいものではなかった」そうだ。

ひとつひとつのアクションユニットを習得すると、今度は動きを組み合わせてみた。ある動きの上に別の動きを重ねるのだ。すべて終えるのに七年かかった。「二つの筋肉の組み合わせは三〇〇通りある。三つめの筋肉を加えると組み合わせは四〇〇〇通り以上だ。筋肉が五つになると、見てわかる顔の表情の組み合わせは一万通りを超える」

そのほとんどはもちろん意味がない。子どもが浮かべるような無意味な表情だ。だが、組み合わせをひとつひとつ研究することで、意味があると思われる約三〇〇〇通りの組み合わせを特定し、感情を表す表情のうち重要なものをカタログ化した。

エクマンは今、六〇代だ。きれいにひげを剃っている。両目が寄っていて、眉毛は濃く突き出ている。中肉中背だが実際より大きく見える。彼の態度にはどこか頑固で有無を言わせぬところがある。ニュージャージー州ニューアークで小児科医の息子として育ち、一五歳でシカゴ大学に入学した。話し方は落ち着いている。笑う前に少し間を置く。まるで笑ってもいいかどうか許しを請うているみたいだ。彼は表や数字をもとに議論するタイプだ。彼の論文はきちんと筋が通っていて、論文の巻末では主題からそれた異論や問題点を一覧表にまとめている。一九六〇年代半ばから、教授として教えているカリフォルニア大学サンフランシスコ校の敷地内にあるビクトリア朝様式のおんぼろのタウンハウスに住んでいる。

　エクマンに会ったとき、彼は昔、習得したアクションユニットをオフィスで実演して見せてくれた。身体を少し前に傾けて、両手を膝の上に置いた。後ろの壁には彼にとっての二人のヒーロー、トムキンスとダーウィンの写真が貼ってあった。「アクションユニット四番は誰でもできる」と言って、彼は始めた。鼻根筋、眉毛下制筋、皺眉筋を使って眉を下げた。「九番もほとんどの人ができる」。そう言って上唇鼻翼挙筋を使って鼻にしわを寄せた。それから「五番も誰でもできる」と言って、上眼瞼挙筋を収縮させて、上瞼を上げた。

　私はなんとか彼についていこうとした。彼は私を見上げると「五番、うまいじゃないか」と優しいことを言ってくれる。「目が奥にあると五番は難しいんだ。次に七番」。目を細めた。「一二番」。大頬骨筋を動かして笑顔を作った。次に眉毛の内側を持ち上げた。「一番。苦悩の表情だ」。それから前頭筋の外側部を使って眉毛の外側半分を持ち上げた。「二番だ。これも難しいが、意味はない。歌舞伎でしか使わない。二三番は私のお気に入りだ。唇の赤い部分を細める表情。明らかな怒りの表情だ。意識的にやるのは難しい」。そう言って彼は唇を細めた。「いまだに一度に片方の耳だけ動かすのは難しい。かなり集中力がいる。全力でかからないと」と言って彼は笑った。「娘は友達が来ると私にこれをやらせようとするんだ。さあやるよ」。彼は左耳を小刻みに動かした。それから右耳を動かした。

エクマンは特に表情豊かなタイプではない。精神分析学者のように用心深く、あまり表情を変えない。なのに、いとも簡単そうに表情をさっと変えてしまう。「ひとつできない表情がある。三九番だ。さいわい、うちの研究者に一人できる者がいる。三八番は鼻の穴を膨らます。三九番はその逆で、鼻孔を下げる筋肉を使うんだ」。そう言ってから、エクマンは必死で鼻孔をすぼめる私の顔をまじまじと見た。「素晴らしい！　見事な三九番だ。これまで見た中で最高だ。遺伝だね。君の親戚の中にはあまり知られていないこのような才能を持った人がほかにもいるはずだ。やるじゃないか」。彼はそう言ってまた笑った。「バーでやってみなさい。きっと受けるよ」

エクマンは次に、ひとつのアクションユニットに別のアクションユニットを重ね始めた。私たちが普段、感情として認識する、より複雑な表情を組み立てるためだ。たとえば、幸せは基本的に六番と一二番で表せる。すなわち眼輪筋の眼窩部（頬を上げる筋肉）を収縮させ、大頬骨筋（唇の端を引き上げる）を同時に使う。恐れは一、二、四番。もっと完璧にするにはこれに二〇番を足す。さらに二五、二六または二七番が加わる場合もある。すなわち、前頭筋の内側部（眉の内側を引き上げる筋肉）、前頭筋の外側部（眉の外側を引き上げる筋肉）、眉毛下制筋（眉を下げる）、上眼瞼挙筋（上瞼を上げる）、笑筋（しょうきん）（唇を伸ばす）、下唇下制筋（唇を引き離す）、咬筋（こうきん）（顎を下げる）を使う。嫌悪感？　たいていは九番で、上唇鼻翼挙筋を使って鼻にしわを寄せる。だが一〇番の場合もある。いずれの場合も一五、一六、または一七番と組み合わせることがある。

エクマンとフリーセンは最終的に、これらの組み合わせと、表情を読み取って解釈するルールをすべてまとめて「表情記述法（ＦＡＣＳ、Facial Action Coding System）」と名づけ、五〇〇ページの論文を書き上げた。とても面白い仕事だ。考えうる唇の動き（横に伸ばす、縮める、すぼめる、広げる、平らにする、突き出す、きつく閉じる、いっぱいに広げる）、目と頬の間の皮膚の四種類の変化（膨らます、たるませる、突き出す、しわを寄せる）、眼窩下溝と鼻唇溝の決定的な違い、といった細かな内容が充実している。ジョン・ゴットマン（第一章で夫婦についての研究を紹介した）はエクマンと何年も共同で研究をしており、夫婦の感情を分析するのにＦＡＣＳの原理を利用している。ほかにもさまざまな研究者がエクマンのシステムを採り入れて、統合失調症から心臓病まであらゆる研究に活かしている。ピクサー（映画『トイ・ストーリー』の製作会社）やドリームワークス（映画『シュレック』の製作会社）のデジタルアニメーターもＦＡＣＳを利用している。ＦＡＣＳをすべて習得するには何週間もかかる。これを研究に使うことを認められているのは世界で五〇〇人だけだ。だが、いったん習得すれば、私たちが互いの目を見て相手に送るメッセージについて、驚くほど深く理解することができる。

エクマンは一九九二年の民主党予備選挙で初めてビル・クリントンを見たときのことを振り返る。「私は彼の表情を見て、妻に『この男はやんちゃ坊主だね』と言ったんだ。彼はいたずらしているところを人に見つけてもらいたくて、それでも憎めないやつと思われたがるタイプだ。彼がよく見せるのは『ただ今いたずら中』と『いたずらっ子だけど僕を嫌いにならないでね、ママ』という二つの表情だ。アクションユニット一二、一五、一七、二四番に加えて、目をぐるりと回す」

エクマンは一息ついて、一連の表情をやって見せた。大頬骨筋を収縮させて普通の笑顔を作り（一二番）、三角筋を使って唇の両端を下に引いた（一五番）。オトガイ筋を収縮させて顎を上げ（一七番）、唇を軽く結び（二四番）、最後にぐるりと目を回した。まるでお調子者のクリントンが目の前に現れたみたいだった。

「知り合いにクリントンの下でコミュニケーションを担当していた人物がいた。そこで私は彼に連絡を取った。『見てみなさい。クリントンはある表情のあとでぐるりと目を回す。〝僕は悪い子だ〟と言っているようなものだ。あまり感心しないね。二、三時間あれば、ああいう表情を顔に出さない方法を彼に教えられるんだがね』と提案した。すると彼は答えたよ、『しかし、そうするとクリントンは嘘つき名人だと思われるリスクがある』って」

エクマンはその先を言わなかった。彼はクリントンが好きで、できるだけポーカーフェイスでいてほしいと思っていたようだ。エクマンは肩をすくめて言った。「まあね、彼の（モニカ・ルインスキーとの）いたずらは見つかる必要があった――そして本当に見つかってしまった」

感情は顔の表情から始まる

人の顔は感情についての情報の宝庫だと、エクマンは思う。そしてもっと大胆な意見も述べている。それはマインドリーディングの仕組みを理解するひとつの鍵でもあるのだが、エクマンによれば、顔に現れる情報は心の中で起きていることを示すただの合図ではなく、ある意味で、心の中で起きていることそのものでもある。

エクマンがそう考えるようになったのは、フリーセンと向かい合い、怒りや苦悩の表情を作り始めた頃のことだ。「何週間もたった頃、一日中いろんな表情を作っているとあとで嫌な気分になることを、どちらかがやっと認めたんだ」とフリーセンは言う。「するともう一人も、やはり気分が優れないことに気づいた。そこで私たちはそれまでの記録をたどってみた」

彼らは過去に遡り、特定の表情を作っている間の身体の様子を観察し始めた。「たとえば眉の内側を上げて（AU一番）、頬を上げて（六番）、唇の端を下げる（一五番）」。エクマンはそう言って、三つの表情をして見せた。「私たちが発見したのは、こうやって表情を作るだけで、自律神経系に目立った変化が現れるということだ。最初にそのことに気づいたときは驚いた。まったく予期していなかったからね。二人とも経験したんだ。ひどい気分だったよ。私たちは悲しみや苦悩の感情を生み出していたんだ。眉を下げて（四番）、上瞼を上げ（五番）、瞼を細め（七番）、唇をぎゅっと結ぶと（二四番）、怒りの感情が生まれる。心拍数が一〇は上がる。両手が熱くなる。感情を切り離して表情だけを作ることはできないんだ。実に不愉快な話だ」

エクマンとフリーセンは同僚ロバート・レベンソン（彼もジョン・ゴットマンと長年一緒に研究している。心理学の世界は狭い）とともに、この現象について論文を書くことにした。彼らはまず協力者を募った。そして、怒り、悲しみ、恐れなどの感情の生理的な徴候である心拍数と体温を測定する装置に彼らをつなげた。協力者の半分には強いストレスを感じた体験を思い出させ、追体験してもらった。残りの半分には怒り、悲しみ、恐れなど、強いストレスを覚える感情に対応する表情を作ってもらった。すると、二番目のグループは最初のグループと同じような生理的反応を示し、心拍数と体温が上昇したのだ。

数年後、ドイツの心理学者のチームが似たような研究を行った。彼らは被験者に漫画を見せた。一方のグループには唇の間にペンを挟ませた。すなわち笑顔を作る二つの主要な筋肉、笑筋と大頰骨筋が収縮しないようにした。もう一方のグループには歯の間にペンを挟ませた。こうすると逆にいやでも笑顔になる。すると、歯の間にペンを挟んだグループは漫画をより面白いと感じた。

すぐには信じられないかもしれない。私たちはまず感情を体験し、それから顔にその感情を出す（あるいは出さない）ものだと思い込んでいるからだ。顔の表情は感情のおまけ、というわけだ。しかし、このプロセスは逆方向にも働くことが実験で示された。感情は顔の表情から始まることもあるのだ。顔は内面の感情を表す副次的な表示板ではなく、感情のプロセスにおける対等なパートナーだったのだ。

これはマインドリーディングの技術にとって大きな意味を持つ。たとえば、ポール・エクマンはかつて四〇人の精神病患者の様子を撮影したことがある。その中にメアリーという女性がいた。四二歳の主婦だ。三度自殺しようとして、三度目も命はとりとめた。睡眠薬を多量に飲んだが、すぐに発見され、病院に運ばれて助かった。大きくなった子どもたちは家を離れ、夫は家庭を顧みない男で、彼女は気がふさいでいた。最初に病院に来たときは椅子に座って泣いてばかりいた。だが、治療はうまく行っているように見えた。三週間後、彼女はかなり気分がよくなったので、外出許可をもらって週末に家族に会いに行きたいと言った。医師は許可した。だが彼女は病院を出る直前になって、外出するのはもう一度自殺するためだと本心を打ち明けた。

数年後、自殺願望のある患者が嘘をついたときにどうしたら見抜けるかと、若い精神科医のグループがエクマンに尋ねた。そのとき、彼はメアリーの映像のことを思い出して、そこに答えがないか探してみた。顔の表情が感情の確かな指針だとするなら、映像を見ればメアリーが嘘をついていたことがわかるかもしれないと考えたのだ。エクマンとフリーセンは手掛かりを探して映像を分析した。何十時間もかけて繰り返し再生し、あらゆるしぐさや表情をスローモーションで検証した。そしてついに目当てのものが見つかった。担当の医師が彼女に今後の生き方を尋ねたときだ。ほんの一瞬だが、すっかり絶望しきった表情が彼女の顔をさっとかすめていた。

顔はペニスに似ている

エクマンはそのような束の間の表情を「マイクロ・エクスプレッション（かすかな表情）」と呼ぶ。きわめて特殊で重要な表情だ。顔の表情の多くは自発的に作ることができる。私はあなたを叱りながら、いかめしい表情を作ることができる。あなたも私の厳しい視線の意味をすんなり解釈できるだろう。だが、私たちの顔はこれとは別の自発的でないシステムによっても支配されていて、自分の意志では制御できない表情を作る。たとえば、悲しみの合図、AU一番を自発的に作れる人は少ない（よく知られた例外がある、とエクマンは言う。ウディ・アレンだ。彼はおなじみの困ったようなコミカルな表情を作るのに、前頭筋の内側部を使う）。

だが、私たちは悲しいときに無意識に眉の内側を上げることがある。今にも泣き出しそうな赤ん坊の顔を見ていると、前頭筋の内側部がまるで糸で引っ張られたようににぴくんと上がることがある。一九世紀フランスの神経学者ギヨーム・デュシェンヌに敬意を表して、エクマンが「デュシェンヌ・スマイル」と名づけた表情もそうだ。デュシェンヌは顔の筋肉の動きを初めてカメラで記録しようとした人物だ。笑ってと言われたら、あなたは大頬骨筋を収縮させるだろう。対照的に、純粋な感情から自発的に笑うときは、大頬骨筋を収縮させるだけでなく、目の周りにある眼輪筋の眼窩部をぴんと張る。この筋肉を意図的に緊張させるのはまず無理だ。本当に楽しいことがあって笑っているときに、この筋肉を緩めるのも難しい。このような笑顔は「自分の意志で作れるものではない」とデュシェンヌは書いている。「また、こういう笑顔が自然に浮かばないような相手は、本当の友達ではない」とも。

基本的な感情が湧いてくると、その感情は必ず顔の筋肉によって自動的に表現される。反応が顔に現れるのは一瞬かもしれないし、顔にセンサーを取りつけないと検知できない程度のものかもしれない。だが必ず顔に現れる。シルバン・トムキンスはかつて講義の前に「顔はペニスに似ている」と大声で叫んだことがある。彼が言おうとしたのは、顔にも心があるということだ。顔の動きは制御できないという意味ではない。自発的な筋肉組織を使って自発的でない反応を抑えようとすることはできる。だがほんのわずかであっても、抑制された感情はしばしば顔に現れるということだ。たとえば、いくら隠そうとしても本当に悲しいとき、それは顔に出る。メアリーにも同じことが起きた。自発的な表現のシステムは感情を意図的に知らせるための手段だ。だが、自発的でない表現のシステムのほうがいろんな意味でより重要で、本当の気持ちを伝えるために進化の過程で身につけたものだ。

「誰かに顔の表情を指摘されてはじめて、そういう表情を浮かべていたことに気づいたという経験があるだろう」とエクマンは言う。「『いったい何を怒ってるの？』とか、『なぜにやにやしてるんだ？』と聞かれることがある。自分の声は聞こえても、顔の表情は見えない。自分の顔の表情を知ることができたら、もっとうまく隠せるだろう。だが、それは必ずしもいいことではない。スイッチがあって、顔の表情を好きなときに消せるとしたらどうだろう？　赤ん坊がそのようなスイッチを持っていたら、何を感じているかわからなくなって大変なことになる。このシステムは、子どもの世話が楽になるように進化したのだという主張も成り立つだろう。あるいは、結婚した相手がそのようなスイッチを持っていたとしよう。うまく行くはずがない。子作りをしたり、相手に夢中になったり、友情を育んだり、親密になるといったプロセスは、顔にそれなりの表情が浮かばなければうまく機能するとは思えない」

エクマンはO・J・シンプソン裁判のビデオをデッキに入れた。シンプソンの友人であるぼさぼさ頭のカトー・カエリンが主席検事マーシャ・クラークから質問を受けている場面だ。カエリンは証人席に座り、うつろな表情を浮かべている。クラークが冷たく質問する。カエリンは前に身を乗り出して、彼女の質問に穏やかに答える。「見たかね？」とエクマンが聞いた。何も見えなかった。カエリンの悪意のない従順そうな姿が映っているだけだ。エクマンはテープを止めて巻き戻し、スローモーションで再生した。画面ではカエリンが身を乗り出して、質問に答えている。その瞬間に彼の顔がすっかり変容した。鼻にしわが寄った。上唇鼻翼挙筋を収縮させたのだ。歯はむき出しになり、眉が下がった。「ほぼ完全にAU九番だ」とエクマンは言った。「嫌悪感だ。怒りの感情もある。眉毛が下がるとき、普通はこれほど目を開かない。そこがポイントだ。上瞼が上がるのは嫌悪感ではなく怒りだ。ほんの一瞬しか現れないがね」。エクマンはテープを止めてもう一度再生し、画面をのぞき込んだ。「牙をむいてうなる犬みたいじゃないか」

エクマンは別のビデオを再生した。一九五五年、ハロルド・キム・フィルビーの記者会見の場面だ。フィルビーがソ連のスパイであることはまだばれていなかったが、仲間のドナルド・マクレーンとガイ・バージェスはソ連に逃亡したばかりだった。フィルビーは黒っぽいスーツに白いシャツ姿、まっすぐの髪を左側で分けている。特権を与えられている者にありがちな横柄そうな表情だ。「ミスター・フィルビー」と記者が呼びかけた。「マクミラン外務大臣はあなたがバージェスとマクレーンに秘密情報を流したとされる、いわゆる第三の男だという証拠はないと語っています。大臣があなたの潔白を認めたことに満足ですか？」

フィルビーは上流階級のイギリス人らしいゆったりとした口調で、自信たっぷりに「もちろんです」と答えた。

「もし第三の男がいるとしたら、それはあなたですか？」

「いいえ」とフィルビーはやはり力強く答えた。「違います」

エクマンはテープを巻き戻して、スローモーションで再生した。「見てごらん」と彼は言って、画面を示した。「反逆罪を犯したかどうかについて重大な質問を受けたあと、彼は二度、薄ら笑いを浮かべている。鳥かごの中のカナリアを食べた猫みたいだ」

その表情は一〇〇〇分の数秒のうちに現れて消えた。しかし速度を四分の一に落とすと、はっきり映し出された。唇をぎゅっと結んで、すっかり悦に入っている。「実に楽しそうじゃないかね？『人を欺く喜び』という表情だ。人をだましてスリルを味わってるんだ」。エクマンはまたビデオを再生した。「もう一か所見せたい場面がある」。画面ではフィルビーが別の質問に答えていた。「もう一度、バージェスとマクレーンの事件が重大な問題として取り上げられる」。彼はテープを一瞬止めた。「よく見て」。彼はその場所にテープを戻して止めた。「ここだ。ほんのかすかな苦悩または悲しみを表すマイクロ・エクスプレッション。眉毛にしか現れていない。しかも片方だけだ」。

確かに右眉の内側が上がっている。紛れもなくＡＵ一番だ。「ほんの一瞬だ。自発的な表情じゃない。自信たっぷりの断定的な口調とはまったく裏腹な表情だ。彼が秘密情報を流したバージェスとマクレーンのことを話しているときに現れた。『私の話を信じるな』というサインだ」

エクマンが解説していることは、私たちが状況を輪切りにするときの生理学的な基礎である。私たちは誰でも、わけなく自動的に人の心を読む。人や社会的状況を理解するのに必要な手掛かりは、目の前にいる人の顔に現れているからだ。ポール・エクマンやシルバン・トムキンスのように鮮やかではないかもしれないし、カトー・カエリンの顔が牙をむく犬に変わったような微妙な変化には気づかないかもしれない。しかし、顔にはわかりやすい情報がいくつも現れるので、私たちは日ごろ、人の心を読むことができる。

誰かが「愛してる」と言ったら、相手の顔をまっすぐ見返す。顔を見れば本気かどうかわかるからだ。少なくとも顔を見ないよりは多くのことがわかる。思いやりの気持ちや楽しそうな表情が現れているだろうか。それとも、束の間のかすかな苦悩や悲しみの表情がちらついているだろうか。あなたが赤ん坊の手を包み込んだら、赤ん坊はあなたの目を見る。顔を見れば答えが見つかると知っているからだ。あなたは眼輪筋の眼窩部と大頬骨筋を収縮させて（ＡＵ六番と一二番）幸せそうな表情を浮かべているだろうか？　それとも前頭筋の内側部、前頭筋の外側部、眉毛下制筋、上眼瞼挙筋、笑筋を収縮させて（ＡＵ一、二、四、五、二〇番）、子どもでもわかるような明らかな不安の表情を浮かべているだろうか。私たちはこのような複雑で瞬間的な計算が得意だ。毎日、特に考えなくてもやっている。

ここがアマドゥー・ディアロ事件の謎の部分だ。一九九九年二月四日の午前零時過ぎ、ショーン・キャロルら四人の警官はどういうわけか、このような判断がまったくできなかった。ディアロは潔白で、ただ好奇心が強く、脅えていた。そういう表情のひとつひとつが顔のあちこちに書いてあったはずだ。だが彼らにはそれが見えなかった。なぜだろう。

男と女と明かりのスイッチ

心を読む能力を失うとどうなるかを理解するための典型的なモデルが自閉症である。イギリスの心理学者サイモン・バロン＝コーエンは、自閉症の状態を「マインドブラインドネス（心が読めない状態）」と呼んだ。

私がこれまで人間なら誰でも自然にできる自動的なプロセスとして説明してきたことは、自閉症の人には不可能でないにしても、難しい。彼らはしぐさや顔の表情といった非言語の手掛かりを解釈したり、人の立場に立って考えたり、言葉の文字通りの意味以外から理解を引き出すことがうまくできない。第一印象を解釈する機構が働いていないらしい。自閉症の人が世界をどのように見ているかを研究することは、人の心をうまく読めないとどうなるかを理解する助けになる。

アメリカにおける自閉症研究の第一人者アミ・クリンは、コネチカット州ニューヘブンにあるイェール大学チャイルド・スタディ・センターで教えている。そこには彼が長年研究している患者がいる。仮に名前をピーターとしよう。ピーターは四二歳。高等教育を受け、仕事を持ち、自立して生活している。「普段の生活に特に支障はない。私たちは毎週会って話すんだ」とクリンは説明する。「彼は理路整然と話すが、直感は働かない。そこで私が彼のために世界を定義してやる必要がある」

俳優のマーティン・ショートに似たクリンはイスラエル人とブラジル人の両親を持つ。当然だが、独特な訛りがある。ピーターとは何年も前から会っていて、彼のことを話すときは恩着せがましくもなく、突き放すでもなく、感情を交えずに、性格のちょっとした癖を説明するように話す。「毎週彼と話していて感じるのは、彼の前では平気で何でもできるということだ。鼻をほじったり、ズボンを下ろしたり、話をしながら仕事だってできる。彼が見ていても、じろじろ見られているとは感じない。彼は私の話をかなり集中して聞いている。言葉は彼にとって大きな意味がある。だが、顔の表情や言語以外の方法で説明を加えても、そちらにはまったく注意を払わない。心の中で起きていること、すなわちじかに観察できないことはすべて、彼にとってやっかいな問題なんだ。私は彼のセラピーをしているのかというと、そうではない。セラピーはふつう、自分の行動のわけを洞察する患者自身の能力がベースとなる。でも彼の場合、洞察力は当てにならない。むしろ、彼が問題を解決する手伝いをしていると言ったほうが正しい」

ピーターとの会話を通じてクリンが探ろうとしていることのひとつに、自閉症の人は世界をどのように理解しているのかという問題がある。そこで彼は、同僚とともに独自の実験方法を編み出した。ピーターに映画を見せて、画面のどこを見るか視線を追ってみたのだ。

選んだのは、エドワード・オールビーの劇『バージニア・ウルフなんかこわくない』を映画化した一九六六年の作品だ。夫婦役のリチャード・バートンとエリザベス・テイラーがジョージ・シーガルとサンディ・デニス演じる若い夫婦を夕食に招く。だが、そのあとに激しい感情がぶつかり合う大変な一夜が待っている。

「この劇は大好きなんだ。映画も悪くない。リチャード・バートンもいいし、エリザベス・テイラーもいい」とクリンは説明する。それにこの映画は彼の目的にぴったりだった。自閉症患者は機械的なものに夢中になりやすいが、この映画は劇場の舞台を真似て余計なものを置かず、俳優に焦点を絞っている。「非常に抑制された映画だ。四人の男女と彼らの心の動きを描いている。自閉症患者の気を散らすような、生気のない細部の描写はほとんど出てこない。銃が主役の『ターミネーター2』だったら、期待した結果は得られなかっただろう。この映画は意味、感情、表情のさまざまなレベルでの、激しく魅力的なやりとりを描いた映画だ。この実験で知ろうとしたのは、人がどうやって意味を見つけるかだ。だからこの映画を選んだ。自閉症の人の目を通して世界を見てみたかったんだ」

クリンはピーターに帽子を被せた。帽子には二台の小型カメラで視線の動きを追う装置がついている。一台のカメラは網膜の中心窩、すなわち目の中心の動きを追跡し、もう一台はピーターが見ている映像を記録した。あとで二つの映像を重ね合わせた。こうして、ピーターがどこを見ているかを示すラインを一コマごとに引くことができた。次に、自閉症でない人にも映画を見せて、ピーターの目の動きと比較した。たとえば、ある場面でニック（ジョージ・シーガル）は招いてくれたジョージ（リチャード・バートン）に、書斎の壁を指して「あの絵を描いたのは誰ですか？」と尋ねる。ふつう、この場面でどこを見るかは明らかだ。目はニックが指差した方向を追うはずだ。すなわち絵を見て、ジョージの目に移って彼の答えを確かめたあと、ニックの顔に戻ってきて、ジョージの答えに対する彼の反応を見る。すべてが一瞬の出来事だ。視線を追ったラインを見ると、正常な人はニックと絵とジョージを結んで最後にニックに戻る、きれいな直角三角形になる。

一方、ピーターの視線が描くラインは少し違う。彼の視線はニックの首のあたりから始まる。しかし、ニックの指が示すほうは見ない。というのは、指を差すというしぐさを解釈するには、その人の心の中にただちに入っていかなければならないからだ。つまり、その人の心を読まなければならない。しかし自閉症の人はこれが苦手だ。「赤ん坊は一歳にもなれば指を差すしぐさに反応する」とクリンは言う。「ピーターは四二歳だ。頭もいい。なのに赤ん坊にできることができない。子どもはこのような手掛かりを自然に学ぶ。だが、彼にはその手掛かりがつかめない」

ではピーターはどうするか？　彼は「絵」と「壁」という言葉を聞いて、壁の絵を見る。だが絵はそのあたりに三枚ある。どれだろう？　映像ではピーターの視線は一枚の絵から別の絵へと忙しく動き回っている。一方、会話はすでに先に進んでいる。ピーターがその場面の意味を理解するには、ニックが「男性と犬の絵の左側にあるあの絵を描いたのは誰ですか？」とわかりやすく言うしかない。正確に言葉通りでないと、自閉症の人はとまどってしまうのだ。

この場面はもうひとつ重大なことを教えてくれる。ジョージとニックが話している場面で、ふつう人は彼らの目を見た。人が話しているときは話を聞き、目を見て、エクマンが入念に分類した表情のニュアンスをすべて拾う。だがピーターは、この場面で誰の目も見ていなかった。別の重要な場面でジョージとマーサ（エリザベス・テイラー）が情熱的に抱き合っているときに、ピーターは普通の人のようにキスしている夫婦の目を見ないで、二人の背後の壁にある明かりのスイッチを見ていた。ピーターは人が嫌いなわけでも、男女が親密にしているのを見て嫌悪感を覚えたわけでもない。人の心を読めないと、すなわち人の心の中に入れないと、人の目や顔を見ても特に情報は得られないからだ。

イエール大学で働くクリンの同僚ロバート・Ｔ・シュルツは、かつてｆＭＲＩ（機能的ＭＲＩ）を使った実験を行った。ｆＭＲＩとは高度な脳のスキャナーで、脳のどこに血液が流れているかを示す。それで、脳のどこを使っているかがわかる。

シュルツは被験者をｆＭＲＩに入れて、ごく簡単な作業をさせた。二人の顔または二つの物（椅子やハンマー）を見せて、それぞれの組み合わせが同じか違うかをボタンで答えさせた。正常な人は、人の顔を見るときは脳の紡錘状回という部分を使った。ここにはきわめて高度な脳のソフトウエアがあり、私たちが知っている何千という顔を識別するのに使う（マリリン・モンローの顔を思い浮かべてみてほしい。たった今、使ったのが紡錘状回だ）。しかし、正常な人は椅子を見たとき、これとは別の下側頭回というそれほど能力の高くない部分を使う。主に物を見分ける場所だ（二つの領域が複雑さの点でどう違うかは、中学二年のときに一緒だったサリーの顔は四〇年たってもわかるが、空港の手荷物受け取り場で自分の鞄をなかなか見つけられないことに現れている)。自閉症の人に同じ実験をしたところ、椅子でも人の顔でも、物を認識する領域を使うことがわかった。要するに、自閉症患者にとっては、最も基本的な神経学的レベルでは、人の顔も物にすぎないのだ。自閉症患者に関する、ごく初期の学術論文に次のような記述があった。「彼はけっして目を上げて人の顔を見ようとしない。人とかかわるときは彼ら、あるいは彼らの一部がまるで物であるかのように対応した。どこかへ連れていってもらうときは誰かの『手』に引っぱってもらう。遊んでいるときは、普段、枕に頭をぶつけるように、母親に頭をぶつける。彼は寮母に服を着せてもらっていたが、彼女には少しも注意を払わなかった」

だからマーサとジョージのキスシーンを見ても、二人の顔がピーターの注意を自動的に引くことはなかった。彼が見たのは三つの物、すなわち男と女と明かりのスイッチだった。その中で目に留まったのがたまたま明かりのスイッチだっただけだ。「ピーターにとって明かりのスイッチは重要な意味を持っていたんだ」とクリンは言う。「彼はスイッチを見て、そこに引き寄せられた。マティスの鑑定家なら、たくさんの絵の中からすぐにマティスを見つけるだろうが、そんなふうに彼はスイッチを見つけた。彼は意味や構成を探す。混乱した状態は好きではない。人はみな、自分にとって意味のあるものに引き寄せられる。たいていの場合、それは人間だ。でも人間に意味がないなら、ほかに意味のあるものを探すだろう」

クリンの研究した場面のうち最も心に強く訴えるのは、マーサがニックの隣に座って派手にふざけ合い、ニックの膝に手を置いたりする場面だ。背景には二人にわずかに背を向けて、人知れず怒りと嫉妬を募らせるジョージの姿がある。場面が展開するにつれて、正常な人の視線はマーサの目、ニックの目、ジョージの目の間をほぼ完璧な三角形を描いて移動し、部屋の空気が熱気を帯びる中で、三人の感情の動きをじっと見守る。

だがピーターの視線はニックの口からスタートし、ニックが手に持った飲み物を見たあと、マーサがセーターにつけているブローチの上をさまよった。彼はジョージを一度も見なかった。すなわち、この場面の感情的な意味合いは彼にはまったく通じていなかったのだ。

「ジョージが冷静でいられなくなる場面があるんだ」と、この実験にかかわったウォーレン・ジョーンズは言う。「彼はクロゼットの棚から銃を取り、マーサに狙いを定めて引き金を引く。だがそのとたんに、銃口で傘が開く。しかし観客は、そんな展開になろうとは予想していない。だから本気ではらはらする。そして、ここが最も重要なポイントだが、典型的な自閉症患者はここで大笑いし、ただちにこの映画をコメディだと解釈する。行動の前提となった感情は見ていない。彼らはジョージが引き金を引き、傘が開いたという表面的な状況だけを解釈して、登場人物は楽しそうだったと感想を述べるのだ」

ピーターの映画の見方には、人の心を読めないとどうなるかがよく現れている。ピーターはとても聡明だ。有名大学を卒業し、ＩＱも並以上。クリンは心から敬意を払ってピーターに接している。だが、人の心を読むという基本的な能力が欠けているため、この場面を見て、社会的にひどく間違った結論を導き出してしまう。無理もないが、ピーターはこのような間違いをよく犯す。自閉症を患う彼は、永久に人の心を読めないのだ。

だが私はこう思わずにいられない。特定の状況では、私たちも一時的にピーターと同じように考えることがあるのではないだろうか。自閉症、すなわちマインドブラインドネスが慢性的ではなく、一時的に現れたとしたらどうだろうか。ときどき、正常な人がひどく間違った結論を導き出す理由を、それによって説明できないものだろうか?

最適な覚醒状態とは

映画やテレビの刑事物では登場人物が盛んに銃を撃つ。撃っては追いかけ、相手を殺すこともある。殺したら死体を見下ろしてタバコを吸い、そのあと相棒と酒を飲む。ハリウッド映画を見る限り、銃を撃つのは何でもないありふれた行為だ。だが実際はそんなことはない。警官の九〇%以上は、退職するまで一度も人を撃たずに職務を終える。また、人を撃ったことのある警官はそのときのことを恐ろしく緊張を強いられる経験だったと話す。だとしたら、銃を撃つことが一時的に自閉症を生じるような体験かどうか、問い掛けてみても間違いではなさそうだ。

たとえばここに、ミズーリ大学の犯罪学者デイビッド・クリンガーが『殺人ゾーンへ』(未邦訳)という興味深い本を書くために行った、警官へのインタビューの抜粋がある。最初は同僚のダンを殺すと脅した男を撃った警官の話だ。

男は私を見上げて「ちぇっ」と言った。「ちぇっ、びっくりしたぜ」という言い方ではなく、「ちぇっ、殺す相手が一人増えたぜ」というような不敵な言い方だった。男はダンの頭に押しつけていた銃を離して、私に向けようとした。すべてが一瞬の出来事だった。同時に私も銃を構えた。ダンはまだ男と格闘していて、「頼むからダンに当たらないでくれ」という思いだけが頭に浮かんだ。私は五発撃った。撃ち始めたとたんに視界が変化した。それまで普通に見えていたのに、やがて男の頭しか見えなくなった。ほかはすべて消えてしまった。ダンも見えなくなった。それ以外は何も見えなかった。男の頭だけだ。

五発のうち四発命中するのが見えた。最初の一発は男の左の眉に当たった。穴が開いて、男の頭ははじけたように後ろに飛んだ。そして「うっ」となった。「うっ、やりやがったな」という感じだ。男はまだ銃を私に向けようとしていた。そこで二発目を撃った。左目のすぐ下に赤い点が見え、頭が少し横を向いた。もう一発撃った。左目の外側に当たり、目が破裂した。裂けて飛び出したんだ。四発目は左耳の手前に当たった。三発目で男の頭がさらに横を向いたので、四発目が当たったときは頭の横に赤い穴が開き、それから閉じるのが見えた。最後の弾はどこに行ったのかわからない。そのとき、男が後ろ向きに倒れる音が聞こえた。

別の警官の証言だ。

男が向かってきたときは、ほとんどスローモーションのようで、何もかもぴたりと焦点が合った……。男が動くと私は身体中、緊張した。胸から下の感覚はまったく覚えていない。意識を前に集中させて、ターゲットの動きを追い、それに応じて動いた。アドレナリンが噴き出すとはまさにあのことだ！ すべてが張り詰め、銃を手に私たちめがけて走ってくる男に全神経を集中させた。私は目を凝らして男の胴体と銃を見た。男の左手がどうなっていたかはわからない。覚えてないんだ。銃しか見えなかった。銃が男の胸の前に突き出された。そのとき、私は最初の二発を撃った。

何も聞こえなかった。最初の二発を撃ったときに、アランが一発目を撃った。だが、彼の銃声も聞こえなかった。私が二度目に撃ったときにアランはさらに二発撃った。やはり何も聞こえなかった。男が床に倒れ、私の足下に滑ってきたので、私たちは撃つのをやめた。私は男の身体の上に立っていた。自分が立ち上がったことさえ覚えていない。覚えているのは男を見下ろして、自分の足で立っていたことだけだ。どうやって立ち上がったのかわからない。両手で身体を支えたのか、身体の下に膝を引き寄せたのか。わからないが立っていた。再び音が聞こえるようになっていた。タイルの床の上で金属音が鳴り続けているのが聞こえたんだ。時間の流れも正常になっていた。銃を撃っている間は時間の流れがゆっくりだった。男が私たちめがけて走ってきたときからそうだった。男はこちらに向かって走っていたはずだが、スローモーションで動いているように見えた。これまでで最も信じがたい経験だ。

この二つの体験談を読めば、きっとずいぶんおかしな話だと思うだろう。最初の警官の話はありえない。弾丸が相手に当たるところなんて見えるものか。二人目の警官は銃を撃つ音が聞こえなかったというが、それもありえるはずがない。だが、銃撃に巻き込まれた警官に話を聞くと、同じような体験談がいくつも出てくる。目が冴えたり、視野が狭くなったり、音が消えたり、時間の感覚がゆっくりになる。極度のストレスにさらされると、人の身体はこのように反応するのだ。

これは理にかなっている。命がおびやかされるような状況に直面すると、心は処理しなければならない情報の範囲を狭め、量を大幅に減らす。音、記憶、世界といったものを幅広く理解する能力を犠牲にして、目の前にある脅威に対する意識を高める。クリンガーの本に登場する警官は、感覚が狭められたからこそより適切な行動を取れたと言える。感覚が狭められることで、目の前の脅威に集中できたのだ。

しかし、ストレスに対する反応が極端になるとどうなるだろうか？　『戦争における「人殺し」の心理学』（筑摩書房、二〇〇四年）という本を執筆した元陸軍中佐デーブ・グロスマンは、最適な「興奮」の状態、すなわちストレスによってより適切な行動が取れるようになる範囲は、心拍数が毎分一一五から一四五のときだと主張する。

グロスマンは射撃チャンピオンのロン・エイブリーの心拍数を測ったことがある。彼の競技中の心拍数は一四五あたりだったと言う。バスケットボールのスーパースター、ラリー・バードは試合の大事な局面になると、会場が静かになり、選手がスローモーションで動いているように見えるとよく話していた。彼もロン・エイブリーと同じように、興奮の最適な範囲で試合をしていたことは間違いない。だが、彼のようにコートが鮮明に見えたというバスケットボール選手は少ない。最適な範囲でプレイできる選手は少ないのだ。たいていはプレッシャーにさらされると興奮しすぎてある地点を超え、身体が多くの情報源を遮断し始めるため、役に立たなくなる。

グロスマンは次のように説明する。「心拍数が一四五を超えると、困ったことが起こり始める。複雑な運動能力が衰え始める。片方の手を動かして、もう一方の手を動かさずにいるのが難しくなる。……一七五で認知プロセスが完全におかしくなり始める……。前脳が停止し、中脳、すなわち犬にもある脳の部分（ほ乳類にはみなある）が前脳の働きを乗っ取ってしまう。腹を立てたり、脅えている人と議論しようとしたことはないだろうか？　無理だ。……犬と議論するようなものだ」。視界はさらに狭くなる。行動が不適切なほど攻撃的になる。多くの場合、人は銃で撃たれると排便する。心拍数が一七五を超えるような極度の脅威に直面すると、そのような生理的な調節はどうでもいいと身体がみなすためだ。血液が外側の筋肉層から抜けて、中心の筋肉塊に集まる。進化の観点から見れば、筋肉をできるだけ硬くして一種の武器に変え、怪我で失う血液を少しでも減らそうという反応だ。だが、そうなると身体の自由が効かなくなり、不器用になる。こういうことがあるから、誰でも警察や消防署に電話をかける練習をしておくべきだとグロスマンは言う。いざとなると、受話器を取ってもこの基本的な動作ができないという話はよくあるらしい。心拍数が上がり、運動機能の調整がうまく行かなくなると、正しい番号を思い出せずに違う番号をダイヤルしたり、必要なボタンを押し忘れたり、数字を見分けられなくなる。「予行演習したほうがいい。やってみれば、本当にその通りだとわかるだろう」

興奮すると相手の心が読めなくなる

このような理由で、最近では警察署の多くが高速でのカーチェイスを禁止している。途中、罪のない人を巻き添えにする危険があるだけでなく（もちろんこれも明らかに理由のひとつだ）、追跡によって毎年約三〇〇人のアメリカ人が事故死しているからだ。また、追跡のあとの出来事にも理由がある。高速で容疑者を追跡することで、警官はまさしく高度の興奮という危険な状態に入るのだ。「ロサンゼルス暴動は高速でのカーチェイスのあとで、警官がロドニー・キングに対して取った行動がきっかけとなった」とニューヨーク市警で警官の訓練を指揮するジェームズ・ファイフは言う。彼は警官による野蛮行為をめぐる多くの裁判で証言してきた。「一九八〇年にマイアミで起きたリバティ・シティ暴動は、カーチェイスのあとで警官が男を殴り殺したのがきっかけだった。一九八六年にはマイアミで別の暴動が起きた。このときもカーチェイスのあとで警官のしたことが引き金となった。この国で過去二五年に起きた人種差別をめぐる大規模な暴動のうち三回までもが、カーチェイス後の警官の行動によって引き起こされている」

「特に住宅地を高速で走るのは怖い」と言うのは、かつてロサンゼルス市警の上層部にいたボブ・マーティンだ。「たとえ時速八〇キロでもアドレナリンが噴出し、心臓が早鐘のように打ち始める。ランナーズハイに似ている。気分が高揚してくるんだ。物事を客観的に見れなくなり、追跡することに熱中してしまう。『狩りをしている犬はノミに嚙まれても止まらない』という古いことわざがあるだろう。追跡中に警官が無線で話しているのを聞くと、声の調子にそれが現れている。まるでわめいてるみたいだ。新米の警官はヒステリー状態に近くなる。私は最初の追跡のことを覚えているよ。警察学校を出てまもない頃、住宅地だった。何度か車体が宙に浮いた。最後には容疑者を捕まえた。車に戻って無線で無事だと伝えようとしたが、マイクを取ることもできなかった。身体がひどく震えて」

キング殴打事件はカーチェイスで心拍数が上がり、心臓の血管が破裂しそうな状態で両者が出会ったときに起こりがちなことだとマーティンは言う。「重要な局面で、現場にいた上司のステイシー・クーンが警官たちに落ち着けと命じている。でも彼らは上司の言うことを聞かなかった。なぜか？　クーンの声は聞こえていなかった。機能が停止してたんだ」

カーチェイスのあとで警官が若い男を銃殺した事件をめぐるシカゴでの裁判で、最近、ファイフが証言した。ロドニー・キングと違い、相手は逮捕に抵抗したわけではなく、ただ車の中に座っていた。「彼はノースウェスタン大学のフットボール選手で、名前をロバート・ラスと言った。その夜はたまたま別件で、シカゴの警官がカーチェイスの末に少女を銃殺していた。この事件はジョニー・コクラン弁護士が担当し、二〇〇〇万ドル以上の和解金を勝ち取っている。警官は男が迷走していたと証言した。カーチェイスの原因がラスにあったとしても、彼はそれほどスピードを出していなかった。時速一一〇キロは超えなかった。しばらくして、警察の車はラスの車を道路の外に追い込んだ。スピンしてダン・ライアン高速道路から飛び出したのだ。そのように車が停止した場合に警官の取るべき行動は細かく規定されている。車に近づかずに、運転手に外に出るように呼びかけることになっている。なのに二人の警官は前に走り出し、助手席側のドアを開けた。もうひとりのとんでもない警官が運転席側に近づき、ラスに向かってドアを開けろと叫んだ。だがラスはただ座っていた。彼が何を考えていたのかはわからない。しかし警官の求めに応じなかった。そこで警官は左側のリアウィンドウを割り、一発撃った。その弾丸はラスの手と胸に命中した。警官は『手を見せろ』と二回命令したが、ラスは銃をつかもうとしたと言う。本当かどうかはわからない。警官の言葉を信じるしかない。だがそんなことを言うのは見当違いだ。この事件はやはり正当化しようがない。警官は車に近づいてはいけなかったし、窓を割ってはいけなかったのだ」

この警官は相手の心を読んでいただろうか？　まったく読んでいなかった。読んでいたら、相手の意図についての認識に合わせて、行動していたはずだ。『バージニア・ウルフなんかこわくない』でマーサがニックとふざけ合い、ジョージが背景でひそかに嫉妬しているとき、普通なら視線はマーサとジョージとニックの目を行ったり来たりする。ジョージが何をしようとしているのかわからないからだ。それを知ろうとしてジョージに関する情報を集める。だが、自閉症患者はニックの口を見てから彼の飲み物を見て、そのあとマーサのブローチを見た。頭の中では人と物を同じように処理していた。登場人物を感情や思考を持つ人間とは見ていなかった。部屋の中にある生命のない物の集まりを見て、彼はそれらの意味を説明するシステムを構築した。そのシステムをあまりに融通のきかない、お粗末なロジックで解釈したために、ジョージがマーサに向けて銃を撃ったあとで傘が開くのを見て、彼は大声で笑い出した。ダン・ライアン高速道路での警官の行動もある意味でこれと同じだ。カーチェイスで極度に興奮していて、警官はラスの心を読むことをやめてしまった。彼の視野と思考は狭くなっていた。融通のきかないシステムを築き、警官から逃げた車の中の若い黒人は危険な犯罪者に違いないと判断した。車の中にただ座っていたこと、時速一一〇キロ以上出さなかったこと、普通だったら考慮するはずのこれらの矛盾する証拠はまったく印象に残らなかった。興奮しすぎると、人は心を読めなくなるのだ。

レーガン暗殺未遂事件の教訓

ロナルド・レーガン暗殺未遂事件の映像を見たことはあるだろうか？　一九八一年三月三十日午後のことだ。レーガンはワシントンのヒルトンホテルで講演を終えたばかりで、通用口を抜けてリムジンに向かうところだった。彼が群衆に手を振ると、「レーガン大統領！　レーガン大統領！」と叫ぶ声がした。そのときジョン・ヒンクリーという若い男が二二口径の拳銃を手に突進してきて、一行に向けて至近距離から六発撃ったあと、地面に組み伏せられた。一発が大統領報道官ジェームズ・ブレイディの頭に命中した。二発目は警官トマス・デラハンティの背中に当たった。三発目はシークレットサービスのティモシー・マッカーシーの胸に当たった。四発目はリムジンに当たって跳ね返り、レーガンの心臓を数インチそれて肺を貫通した。この事件の謎はヒンクリーがどうしてやすやすとレーガンに近づくことができたかだ。大統領の周りにいたボディガードはヒンクリーのような不審人物を見張っていたはずだ。寒い日にホテルの外で大統領をひと目見ようと待ち続けるような人々は、大統領を歓迎するために集まってきている。ボディガードは群衆を見渡して、それらしくない人物を探すことになる。人の顔を読み、心を読むのも彼らの仕事のうちだ。では、彼らはなぜヒンクリーの心を読めなかったのか？　ビデオを見れば答えは明らかだ。これは心が読めなくなる二つめの重要な要因である。時間がなかったのだ。

ロサンゼルスで警備会社を経営し、『不安という贈り物』（未邦訳）という本を著したギャビン・ド・ベッカーは、人を護衛するときに大事なのは「ホワイトスペース」、すなわち護衛する相手と襲撃者の間の距離だと言う。ホワイトスペースが多ければ多いほど、反応する時間は増える。時間が増えれば、襲撃者の心を読む能力も高まる。だが、ヒンクリーの場合はホワイトスペースがまったくなかった。彼は大統領を取り巻いていた報道関係者の群れに紛れていたのだ。シークレットサービスが彼に気づいたのは彼が銃を撃ち始めたあとだった。狙撃されていることにボディガードが最初に気づいてから（警備業界では「認識の瞬間」と言う）それ以上犠牲者が出なくなるまでの時間は1・8秒だった。「レーガン狙撃事件には数人の人々の英雄的な行動があった」とベッカーは言う。「それでも、ヒンクリーは続けて撃った。すなわち彼らの行動は状況を少しも変えられなかった。犯人がすぐそばにいたからだ。ビデオを見ると一人のボディガードが映っている。彼はブリーフケースからマシンガンを取り出して、構える。もう一人のボディガードも銃を構える。だが、いったい何を撃つつもりだろう？　もう終わってるんだ」

この1・8秒の間にボディガードにできたことは、最も基本的で自動的な、（そしてこの場合は無益な）衝動に従うこと、すなわち銃を構えることだった。何が起きているのか理解したり、先を見越して行動する暇はなかったのだ。「時間がなくなると、人は最低限の直感的な反応しかできなくなる」とベッカーは言う。

生きるか死ぬかという状況で、時間が果たす役割のことなど人はあまり考えない。それはおそらく、暴力事件に巻き込まれるとどうなるかについての理解を、ハリウッド映画が歪めてしまったからだ。映画では銃撃戦が延々と続き、警官は同僚にきざな台詞をつぶやく時間がある。悪役も挑発的な台詞を叫ぶ時間がある。そして、撃ち合いは破滅的な結末へとゆっくり向かう。銃撃戦の様子を言葉で語った場合も、実際より長く感じられる。七四年に起きた韓国の大統領暗殺未遂事件についてのベッカーの話を聞こう。

「犯人は立ち上がり、自分の足を撃った。それが始まりだった。彼は興奮して正気を失っていた。次に彼は大統領を狙ったが、弾はそれて大統領夫人の頭に当たり、夫人は亡くなった。ボディガードが撃ち返した。彼の弾もそれて八歳の少年に当たった。両方がしくじったのだ」

この出来事にどれだけかかったと思う？　15秒？　20秒？　いや、たったの3・5秒だ。

人は時間がないと先入観に引きずられる

人は時間がないときにも一時的に自閉症になるようだ。たとえば、心理学者キース・ペインは2章で紹介したジョン・バージが手がけたようなプライミング実験をした。被験者をコンピュータの前に座らせて、コンピュータの画面に黒人と白人の顔を一度に一人ずつ表示した。次に銃またはスパナの写真を見せた。画像を0・2秒表示したあと、被験者に今、何を見たか答えさせた。ディアロ事件からヒントを得た実験だ。結果はご想像の通り。最初に黒人の顔を見せると、先に白人の顔を見せたときより少し速く、銃を銃と判断する。ペインはもう一度実験した。今度は速度を変え、被験者に自分のペースではなく、0・5秒、すなわち二分の一秒で答えさせた。すると答えを間違えるようになった。先に黒人の顔を見たあとで銃を銃と答える速度は速くなった。だが、先に黒人の顔を見たあとで、スパナを銃と答える速度も速くなった。時間がなくなると、人は極度に興奮したときと同じように行動するようになる。自分の感覚という現実の証拠に頼るのをやめて、融通のきかないシステム、すなわちステレオタイプに頼ったのだ。

「瞬時に判断しようとすると、普段は認めても信じてもいないステレオタイプや偏見に引きずられやすくなる」とペインは説明する。彼はこのような先入観を少しでもなくそうとして、あらゆる方法を試してみた。被験者が正しい行動を取るように、実験の様子はあとで同級生が調査すると伝えた。すると彼らの先入観は余計に強くなった。彼は一部の被験者に実験の目的を正確に教え、人種的偏見はできるだけなくすようにはっきり告げた。だが無駄だった。それで何が変わったかと言えば、実験のスピードが遅くなり、被験者はひと呼吸おいて画像を判断した。

私たちの輪切りと瞬時の判断の力はものすごい。だが、無意識の中の巨大なコンピュータでさえ、仕事をするには時間がかかるのだ。ゲッティのクーロス像を鑑定した専門家は、偽物かどうか判断する前にクーロス像を見る必要があった。時速一〇〇キロで走る車の窓から像をちらっと見ただけだったら、本物かどうか、いい加減な答えしか出せなかっただろう。

このような理由で、最近ではパトカーには二人乗せずに、一人だけ乗せるように、警察署の多くが方針を変えてきている。大丈夫だろうかと思うかもしれない。二人で組ませるほうが確かに理にかなっているように思う。そのほうが助け合えるのではないか？　怪しい状況に対処するには二人のほうがやりやすいし、そのほうが安全なのではないか？　いずれも間違っている。一人よりも二人のほうが安全ということはない。また二人でチームを組んだ場合、訴えられるケースが増える。警官が二人になると、一般市民と対面したときに相手を逮捕したり、逮捕しようとして負傷させたり、相手が警官を襲った罪に問われることがはるかに多くなる。なぜだろう？　警官が一人のときは何事もゆっくり進めるのに対して、誰かとチームを組むと早く終わらせようとするからだ。「警官はみな二人でパトカーに乗りたがる」とベッカーは言う。「話し相手ができるからだ。だが、一人のほうが向こう見ずな行動が減り、トラブルに巻き込まれることも少なくなる。警官は一人だとまったく違う行動を取る。待ち伏せに遭う危険も少なくなるし、無理な突入もしない。『ほかの警官が来るまで待とう』と考える。行動が優しくなるし、時間をかけるようになる」

シカゴの事件で、ラスに向かっていった警官が一人だったら、彼は死んでいただろうか？　それは考えにくい。警官が一人だったら、たとえカーチェイスで気が立っていたとしても、応援が来るまで待っただろう。三人の警官に車に突撃するという軽はずみな行動を取らせたのは、三人だから大丈夫という誤った安心感だったのだ。「時間の流れを遅くすることが肝心だ」とファイフは言う。「私たちは警官に、時間をコントロールするのは君たちだと教える。相手の弁護士は、ラス事件では事態が矢継ぎ早に展開したと訴えた。そういう状況を招いたのは警官だ。ラスはその場にじっとしたまま、逃げようとしなかったのだから」

警官の訓練でできることは、せいぜいこのようなトラブルを避ける方法、すなわち一時的な自閉症に陥らない方法を教えるくらいだ。たとえば、追跡中の車を止めたら、その車の後ろに停車するように教える。夜ならヘッドライトでまっすぐ前の車を照らす。そのあと車の運転手側に歩いていき、運転手のすぐ後ろに止まって、肩越しに懐中電灯をかざして膝のあたりを照らす。

私はこのような対応を受けたことがあるが、少し失礼な感じがする。警官はなぜ普通に私の前に来て、向き合って話せないのだろうか。それは運転手の後ろに立てば、運転手は警官に銃を向けられないからだ。まず、警官は懐中電灯で膝を照らす。手がどこにあるか、銃をつかもうとしていないか確かめるためだ。たとえ両手で銃をつかんだとしても、座ったまま身体の向きを変えて、窓から上体を乗り出し、ドア越しに構えなければ警官を撃てない（それにヘッドライトがまぶしくてよく見えない）。しかもその間、警官はずっと運転手を監視している。要するに、警官の行動は私を救うためなのだ。警官が銃を向けるとしたら、私が時間をかけてまで、あまりに見え透いた行動を取った場合に限られる。

ファイフはかつてフロリダ州デード郡で、とあるプロジェクトにかかわったことがある。そこでは警官と市民の間の暴力沙汰が絶えなかった。暴力がどんな緊張感を生むか想像できるだろう。地域の団体は警察を無神経な人種差別主義者と非難した。警察はこれに腹を立てて、弁解した。暴力は痛ましいが、警察としては避けようがないと応じたのだ。よく聞く話だ。だがファイフはこの議論には立ち入らずに、ある研究を行った。

彼はパトカーに監視役を乗せて、警官が訓練で教わった正しい技術をどの程度守って行動しているか、得点をつけさせた。「身を隠せる場所があればそれを利用したか？　というような内容だ。警官を訓練するときは自分ができるだけ狙われないようにして、撃つかどうかの判断は相手に委ねるように教える。そこで、警官は身を隠せる場所があればそれを利用したか、それとも玄関からまともに入っていったか？　常に銃を人に向けないようにしていたか？　懐中電灯は利き手でないほうで持っていたか？　押し込み強盗の連絡が無線で入った場合、コールバックして詳しい情報を聞き出したか？　それともただ了解と答えたか？　応援を頼んだか？　容疑者に近づく場合の行動を打ち合わせたか。たとえば『君が撃ってくれ、私が援護する』というように。近所は見回ったか？

建物の裏に別の車を配備したか？　建物の中に入ったとき、懐中電灯を横に少し離して持っていたか？　容疑者が武器を持っているとすると、明かりを狙ってくるからだ。追跡中の車を止めたとき、運転手に近づく前に車の後部座席は見たか？　といったようなことを調べた」

警官は容疑者と面と向かっているとき、あるいは相手を取り押さえたときは正しく行動できることがわかった。このような場合、九二％は「正しい」行動を取っていた。だが現場に近づくときはひどく、正しい行動は一五％だった。問題だ。一時的な自閉症を避けるための行動を取っていないのだ。デード郡が容疑者に向かっていくときの警官の行動を改めることに力を注ぐと、すぐに警官への苦情の数と警官や市民が負傷する件数は減った。「自分の身を守るために誰かを撃つしかないというような状況は避けることだ」とファイフは言う。「自分の反射神経に頼らなければならない状況になると、誰かが不必要に傷つく。情報と隠れる場所を利用して行動すれば、直感的な判断を下す必要はほとんどなくなるはずだ」

瞬時の判断力を高める訓練

ファイフが行った分析は、警官の発砲事件をめぐる一般的な議論を覆した点で価値がある。警察を批判する人々は必ず警官個人の意図に注目し、人種差別や故意の偏見について論じる。一方、警察を擁護する人々は必ず、ファイフの言う「瞬間症候群」を口実にしようとする。すなわち、警官は急いで現場に駆けつける。容疑者を見る。考えている暇はない。ただちに行動する。このような場合、間違いが起こるのは仕方がないという考え方だ。結局いずれの見方もそれぞれの負けを認めているわけだ。いったん重大事件が起きたら、それを止めたり制御することはできないという事実を、彼らは当然のこととみなしている。直感的な反応が絡むと、このような意見があまりに多い。だが、こういう見方を前提とするのは間違っている。無意識の思考はある重要な点で、意識的な思考とまったく変わらない。いずれも訓練と経験によって、瞬時の判断力を高めることができるのだ。

極度の興奮や心が読めなくなる状態は、ストレス下では避けられないのか？　もちろんそんなはずはない。有名人専門の警備会社を経営するベッカーは、ボディガードに「ストレスワクチン」と彼が名づけたプログラムを受けさせる。「テストで警護する相手に『こっちへ来てくれ。物音がするんだ』と言われて行くと、角を曲がったところでズドンと撃たれる。本物の銃じゃない。弾は色粉が入ったプラスチックのカプセルだ。だが、弾が当たったことはわかる。その後も職務を継続しなければならない。そのあとで『もう一度やれ』と指示する。今度は家に入ってきたところを撃つ。こうして四、五回シミュレーションで撃たれれば大丈夫だ」

同様の訓練で、研修生は獰猛な犬に何度も向かっていかなければならない。「最初は心拍数が一七五に上がる。まっすぐ前を見ることもできない。二回目、三回目になると心拍数は一二〇に下がる。その後一一〇になり、職務を遂行できるようになる」。このような訓練を実体験と組み合わせて何度も繰り返すことで、警官が暴力に向き合ったときの反応の仕方は根本的に変えられるのだ。

心を読む能力も練習によって高めることができる。誰よりも見事に人の心を読んだシルバン・トムキンスは、練習ばかりしていた。彼は息子のマークが生まれたときにプリンストン大学から長い休暇をもらい、自宅で息子の顔をじっと見つめ続けた。そして生まれてから数か月の間に赤ん坊の顔に現れる感情のパターン、すなわち好奇心、喜び、悲しみ、怒りといった感情の繰り返しのパターンを拾い集めた。また、考えられる限りの表情を浮かべた顔写真をたくさん集め、深いしわから浅いしわまで多様なしわの理論、たとえば笑う前と泣く前の顔の微妙な違いといったことについて一人で学んだ。

ポール・エクマンは人の心を読む能力をテストする簡単な方法をいくつも開発した。そのひとつを紹介する。エクマンは十数人の人が映っている短いビデオクリップを再生する。彼らはあることをしたと主張するが、そのあることを本当にした人としていない人がいる。誰が嘘をついているか当てるテストだ。かなり難しい。ほとんどの人はまぐれでしか当たらない。だがよく当たる人もいる。練習を積んだ人々だ。たとえば脳卒中で言葉を話せなくなった人は見事だ。障害があるために、人の顔に浮かぶ情報に敏感にならざるをえなかったのだ。子どもの頃にひどい虐待を受けた人もよくできる。脳卒中に見舞われた人と同じく、人の心を読むという難しいわざを習得するしかなかったのだ。アルコール依存症や暴力的な親の心を、なんとか読もうとしたのである。エクマンは警察のためのセミナーも行っていて、読心術のスキルを高める方法を教えている。三〇分練習しただけでもかすかな表情をうまく拾えるようになると言う。「トレーニング用のテープがあるんだが、これが好評でね」とエクマンは言う。「最初は表情をまったく読み取れない。でも三〇分もすれば全部わかるようになる。つまり、このスキルはあとから習得できるということだ」

デイビッド・クリンガーのインタビューにベテラン警官が出てくる。彼は過去に何度も暴力事件に遭遇している。ストレス下で人の心を読む必要にたびたび迫られた彼の体験談は、極度のストレスにさらされていても対処の仕方を間違えなければ、状況は変えられるという見事な例である。

夕暮れ時だった。彼は三人の若いギャングを追いかけていた。一人はフェンスを飛び越え、もう一人は車の前を走っていき、三人目は彼の前を動かなかった。三メートルも離れていない場所でヘッドライトに照らされてじっとしていた。

私が助手席から出ていくと、その子はズボンのベルトの内側に右手を突っ込んだ。股から左の腿のあたりに手を伸ばそうとしていた。ズボンの中で何かがずり落ちそうになるのをつかまえようとしているみたいだった。

彼はズボンを探りながら、私のほうに向きを変えようとしていた。そして私をまっすぐ見つめた。私は「止まれ！　動くな！」と命令した。同僚も「止まれ！」と繰り返し叫んでいた。同時に私は拳銃を抜いた。少年から一メートル半ほどまで近づくと、彼はクロームめっきのオートマチック拳銃を取り出した。そして手が腹のあたりまで上がったところで、彼は銃を落とした。私たちは彼を保護して、何事もなく終わった。

私が撃たなかった理由はただひとつ、彼の年齢だった。実際は一四歳だったが、九歳くらいに見えた。大人だったらたぶん撃っていたと思う。銃を見て危険を感じたのは確かだ。クロームのめっきとパールのグリップがはっきりと見えた。だが私のほうが早く撃てる自信があったし、彼があまりに幼く見えたので、もう少し様子を見ようと思った。警官としてのこれまでの経験がそのときの判断をおおいに左右したと思う。彼は不安そうで、以前にどこかで見たことのある表情だった。もう少し時間を与えて様子を見れば、彼を撃たずにすむかもしれないと思ったのだ。結局、私は彼の顔を見て、ズボンから出てくる物を見て銃だと判断し、銃口がどこを向いているかをこの目で確かめた。手がベルトの上のもう少し高い位置まで上がっていたら、銃が腹のもう少し上のほうにきて、銃口が私のほうに向けられていたら、そこで終わりだっただろう。だが銃身がこちらを向いていないのを見て、心の中でまだ撃たなくてもいいという声がしたんだ。

何秒間の出来事だろう？　2秒か1・5秒か？　だが警官の経験とスキルによってその短い時間が長く引き伸ばされて、事態はゆっくりと進行し、ぎりぎりまで情報を集め続けることができたのだ。銃が見える。パールのグリップが見える。銃口の向きを追う。銃を構えるか、そのまま地面に落とすか、少年が決めるのを待つ。その間ずっと、銃の動きを見守ると同時に、少年の顔も見て、彼が危険人物か、ただ脅えているだけなのかを見きわめている。見事な瞬時の判断。訓練と専門知識のたまものだ。最も薄い輪切りの体験から意味のある情報を大量に取り出す能力だ。新米警官なら、この事件はあっという間の出来事だっただろう。だが、これはあっという間の出来事ではない。

すべての瞬間が切り離された一連の動きで構成されていて、そのひとつずつが軌道修正の機会を提供していたのだ。

数秒の中にある一生分の判断

ここで、ショーン・キャロル、エド・マクメロン、リチャード・マーフィー、ケン・ボスの事件の話に戻る。夜、遅い時間だった。場所はサウスブロンクス。若い黒人の男が見えた。行動が変だ。警官たちは彼の前を車で通り過ぎたため、よく見えなかった。だがすぐに、彼らは男の行動を説明するシステムを組み立て始めた。まず、男は大柄ではない。むしろ小柄だ。ギャビン・ド・ベッカーによれば、「小柄ということは銃を持っているということに通じる。男が外に一人でいる。午前零時半だ。治安の悪い地区で、たった一人。黒人だ。銃を持っているに違いない。さもなければそこにいるはずがない。しかも小柄だ。真夜中にこんなところに突っ立っているなんて度胸のあるやつだ。銃を持っているに違いない。こんなふうにストーリーができていく」

警官は車をバックさせた。キャロルはのちに、ディアロがまだそこにいたことに「驚いた」と言った。悪者なら警官が四人も乗った車を見て逃げ出すんじゃないか？　キャロルとマクメロンは車を降りた。マクメロンが「警察だ。ちょっと話を聞かせてくれないか」と叫んだ。ディアロはためらった。もちろん脅えていたのだ。顔中にそう書いてあったはずだ。この地域でこの時間に出会うはずのない背の高い白人が二人、目の前に現れたのだ。

だが、ディアロが背を向けて、あわてて中に戻ろうとしたため、彼の心を読むことはできなかった。そこで二人は後を追う。キャロルとマクメロンは、クリンガーのインタビューした警官ほどベテランではない。未熟だった。ブロンクスのことをよく知らないし、街頭犯罪防止部隊に配属されてまだ日も浅い。それに、武器を持っているかもしれない男を追って暗い玄関に入っていくという、想像を絶するストレスにもまだ慣れていない。心拍数が上がる。注意の及ぶ範囲が狭くなる。ホイーラー通りはブロンクスの中でも古い地域だ。歩道とディアロのアパートの建物との間には四段の階段しかない。ホワイトスペースはない。車を降りて道路に立つと、マクメロンとキャロルのところからディアロまでの距離はせいぜい五メートルだ。ディアロが逃げる。追いかけろ！　二人の警官はすでに少し興奮状態にあった。心拍数はいくつだろうか？　一七五？　二〇〇？　ディアロは玄関の中に入り、内扉の前にいる。身体を横に向けて、ポケットから何か出そうとしている。二人の警官には身を隠す場所がない。身を守り、時間を遅らせるための車のドアもない。二人がいるのは戦場だ。キャロルがディアロの手元を見ると、何か黒い物が見える。あとから財布だったとわかる。だがディアロは黒人で、時間は遅いし、ここはサウスブロンクスだ。時間の流れも早い。

このような状況では、財布も銃に見えてしまう。ディアロの顔を見ればわかったかもしれないが、キャロルは彼の顔を見ていない。見ていたとしても目に映ったものを理解できたかどうかは怪しい。心を読んでいないのだ。事実上、自閉症になっている。ディアロのポケットから出てくる何かに目は釘付けだ。ジョージとマーサのキスシーンで、ピーターが明かりのスイッチに釘付けになったのと同じだ。キャロルは「銃を持ってるぞ！」と叫ぶ。そして銃を撃ち始める。マクメロンが後ろ向きに階段を落ちて、銃を撃ち始める。相手が銃を持っていて、警官が後ろ向きに落ちてきた。撃たれたと考えるしかない。そこでキャロルは撃ち続けた。マクメロンもそれを見て銃を撃ち続ける。ボスとマーフィーはキャロルとマクメロンが撃つのを見て車から出てきて、自分たちも銃を撃ち始める。

新聞はのちに、彼らが四一発もの弾を撃ったことを騒ぎ立てた。だが四人がセミ・オートマチック拳銃を撃てば、四一発の弾は約2秒半で撃ち終わる。この事件は始まりから終わりまで、おそらくこの段落を読むのにかかる時間ほどもかかっていない。だがこの数秒の中には、一生分にも相当するほどの手順や判断が詰まっている。キャロルとマクメロンがディアロに声をかける。ディアロが建物の中に入る。警官が歩道を横切って彼を追いかけ、階段を上る。ディアロが玄関ロビーでポケットの中の何かを探す。キャロルが「銃を持ってるぞ！」と叫ぶ。銃を撃ち始める。パン！　パン！　パン！。静寂。ボスがディアロのそばに駆け寄り、床を見下ろして、「いったいどこに銃があるんだ？」と叫び、ウェストチェスター通りまで走っていく。大声で叫んだり、銃を撃ったりしている間に、自分がどこにいるのかわからなくなったのだ。そしてキャロルは何発も弾を受けたディアロの死体の脇にしゃがみ込み、泣き出した。

エピローグ

仕切り越しのオーディション

プロの音楽家として活動を始めた頃、アビー・コナントはイタリアのトリノ王立歌劇場でトロンボーンを吹いていた。一九八〇年のことだ。その夏、彼女はヨーロッパ中のオーケストラの欠員募集一一件に応募した。一通だけ返事が来た。ミュンヘン・フィルハーモニー管弦楽団だ。手紙は「親愛なるミスター・アビー・コナント様」と始まっていた。あとから思えばそのときにおかしいと気づくべきだった。

オーディションはミュンヘンのドイツ博物館で行われた。ミュンヘン・フィルが活動拠点とする文化センターは建設中だった。応募者は三三人。選考委員から見えないように、一人ずつ仕切りの陰で演奏した。当時ヨーロッパで仕切り越しのオーディションは珍しかった。だが地元のオーケストラ関係者の息子が応募していたので、公平さを期すために、初回の選考は仕切り越しに行われた。コナントは一六番目。フェルディナンド・デイビッドの「トロンボーンのためのコンチェルティーノ」を演奏した。ドイツではオーディションでよく演奏される曲だ。音符をひとつミスした。ソの音がかすれてしまった。「だめだ」と彼女はつぶやき、楽屋に戻って帰り支度を始めた。だが委員会の判断は違っていた。彼らは驚いていた。オーディションは典型的な輪切りの瞬間だ。訓練を積んだクラシックの音楽家は、演奏の善し悪しをほとんど一瞬で判断できるという。最初の数小節、ときには最初の一音でわかることもあるという。コナントの演奏も判断できた。彼女がオーディションの部屋を出ると、ミュンヘン・フィルの音楽監督セルジュ・チェリビダッケが「欲しいのはこの演奏者だ！」と叫んだ。順番を待っていた残りの一七人は帰された。楽屋にいたコナントは呼び戻され、オーディションの部屋に戻って、仕切りの後ろから姿を現した。するとバイエルン訛(なま)りのドイツ語で「どういうことだ！　まったく！　勘弁してくれ！」と言う声が聞こえてきた。男と信じきっていた演奏家が、実は女だったからだ。

気まずい空気が流れた。チェリビダッケは昔かたぎの指揮者で、音楽をどのように演奏すべきか、誰が演奏すべきかについて、明確な考えを持つ、傲慢で意志の強い男だった。しかもそこはドイツ、クラシック音楽発祥の地だ。

かつて第二次世界大戦の直後にウィーン・フィルハーモニー管弦楽団が仕切り越しのオーディションを試みたことがある。元会長オットー・シュトラッサーはオーディションの結果について、回想録に「異様な光景」だったと書いている。「ある応募者が素晴らしい演奏をした。幕を上げると現れたのは日本人だ。審査員はあぜんとした」

シュトラッサーはヨーロッパ人の作曲した曲を日本人が心を込めて忠実に弾きこなすことなどで

きないと思っていたのだ。

　チェリビダッケも同様に、女はトロンボーンなど吹けるはずがないと考えていた。ミュンヘン・フィルはバイオリンとオーボエに一、二名の女性を雇ったことがある。だがいずれも「女らしい」楽器だ。トロンボーンは男性的。男が軍楽隊で演奏する楽器だ。オペラの作曲家はこの楽器で黄泉（よみ）の国を表現する。ベートーベンは交響曲第五番と第九番でトロンボーンをノイズ楽器として使っている。「プロのトロンボーン奏者は今でも、『君はどんな道具をやるのかね？』なんて言い方をする。バイオリン奏者なら、間違っても自分の楽器を『道具』なんて呼ばない」

　オーディションはあと二回あった。コナントは二回とも見事に合格した。だが、チェリビダッケら選考委員は彼女の姿を見たせいで、演奏を聴いたときの第一印象と長年抱いてきた偏見がぶつかり始めた。彼女は楽団に雇われ、チェリビダッケはそのことをよく思っていなかった。

　一年が過ぎた。一九八一年五月、コナントは会議に呼ばれ、第二トロンボーンに降格すると告げられた。理由は教えてもらえなかった。コナントは一年間、研修生として練習を積み、もう一度実力を証明しようとしたが、無駄だった。「どうしてかわかるだろう」とチェリビダッケは彼女に言った。「トロンボーンのソロは男性に吹いてもらいたいんだ」

　コナントは仕方なく裁判所に訴えた。楽団側は「原告はトロンボーンセクションで首席を務めるだけの体力がない」と主張した。コナントは呼吸器専門の病院に送られて、詳しい検査を受けた。特別な器具に息を吹き込み、採血して酸素の吸収量を測定し、胸の検査を受けた。身体能力は平均値を超えていた。看護婦にスポーツ選手かと聞かれたほどだ。裁判は長引いた。楽団は次に、モーツァルトの「レクイエム」を演奏したとき、有名なトロンボーンソロでコナントの「息が短いのが耳障り（みみざわ）だった」と言った。だがこの曲を演奏したときの客演指揮者は彼女の演奏を絶賛していた。トロンボーンの名演奏家を招いて、特別なオーディションが行われた。コナントはトロンボーンのレパートリーの中で最も難しい楽節を七か所演奏した。名人は彼女を絶賛した。それでも楽団は抵抗し、彼女は信頼できない、プロとして失格だと言いつのった。もちろん根拠はない。彼女が第一トロンボーンに復帰できたのは八年後のことだ。

だが、別の戦いが始まった。それがさらに五年続いた。彼女は男性の楽団員と同じ給料を払ってもらえなかったのだ。彼女はふたたび法廷で争い、勝った。訴えはすべて通った。楽団に反論の余地はなかった。

彼女の能力に文句を言ったチェリビダッケは、純粋に客観的な判断のできる状況で彼女の演奏を聴いていた。そしてなんの先入観もない状況で彼は「欲しいのはこの演奏者だ！」と言い、ほかの奏者を帰していた。アビー・コナントはオーディション会場の仕切りに助けられたのだ。

目で聴いた審査員

クラシック音楽の世界は、特に本場ヨーロッパでは、つい最近まで白人男性の領域だった。女性は男性と同じように演奏することができないと信じられていた。女性は特定の曲を演奏する力がない、姿勢がとれない、体力の回復が遅い、唇の形が違うし、肺の力も足りない、手が小さい、と言われてきた。偏見というよりは、事実のように思える。指揮者や音楽監督やマエストロがオーディションをしても、男性のほうが女性よりうまく聞こえる。オーディションのやり方を気にする者はいなかった。プロの音楽家であれば、どんな状況で演奏を聴いても、ただちにその質を客観的に判断できると信じられていたからだ。

大きいオーケストラでも、指揮者の楽屋や、指揮者が滞在するホテルの一室でオーディションすることがあった。演奏時間も2分だったり、10分だったり、ばらばらだった。そんなことは問題ではない。音楽は音楽だ。ウィーン・フィルのコンサートマスター、ライナー・キュッヒルはかつて、目を閉じていても男性と女性のバイオリニストの違いを聴き分けられると言った。訓練によって、女性の演奏スタイルである柔らかさやしなやかさを聴き取れると信じていたのだ。

だが、この数十年間にクラシック音楽の世界も大きく変わった。アメリカではオーケストラの団員が組織として団結するようになった。組合を作り、適切な契約、健康保険、一方的な解雇に対する保証を求めて戦い、同時に公平な雇用を強く求めるようになった。指揮者が権力を笠に着て好みの演奏家ばかり選んでいると考える演奏家が多かったのだ。彼らはオーディションのルールをきちんと決めるように要求した。そして指揮者が一人で選考する従来のやり方を廃止し、公式の選考委員会ができた。楽団によってはオーディションの最中に審査員どうしが話し合うことを禁じる規則を設けたところもある。一人の意見が他の審査員の意見を左右しないようにという配慮だ。演奏者は名前ではなく番号で区別し、委員会と演奏者の間には仕切りを設けた。演奏者がせき払いをしたり、誰かわかるような音を立てたら、部屋の外に連れ出されて新しい番号を割り振られる。たとえば、ヒールのある靴でカーペットの外を歩いてもいけない。このような新しいルールが国中で導入されると、予想外の事態が起きた。アメリカ中の楽団が女性を雇い始めたのである。

仕切りが一般的になったこの三〇年間に、アメリカでは一流のオーケストラに在籍する女性の数は五倍に増えた。「オーディションの新しいルールが初めて導入されたとき、うちでは新しいバイオリン奏者を四人探していた」とニューヨークのメトロポリタン歌劇場でチューバを吹いているハーブ・ウェクスレブラットは回想する。

彼は一九六〇年代中頃、同歌劇場のオーディションに仕切りを導入するために戦った。「合格したのは全員女性だった。以前にはなかったことだ。それまで楽団に女性は確か三人しかいなかった。四人の女性が合格したと発表があったあとで、ある男性がすごい剣幕で私に言った。『君はこの楽団に女性を招き入れたとんでもない男として記憶されるだろうよ』とね」

人の演奏を判断するときの、純粋で強力な第一印象と思っていたものが無残に崩れたことに、クラシック音楽の世界は気づいた。「実際より演奏がうまく見える演奏家はいるものだ。いい姿勢で自信たっぷりに演奏すると上手に見える」と何度もオーディションを受けたことのあるベテラン演奏家は言う。「演奏する姿はぱっとしなくても、演奏そのものは素晴らしい演奏家もいる。演奏するときに苦しそうな顔をしても、それが音に現れない演奏家もいる。目に見えるものと耳に聞こえる音の間には常にこうしたギャップがある。オーディションは演奏者が登場してすぐに始まる。演奏者が楽器を持って立ち去る姿を見ただけで、なんてださいやつだとか、いったい何様のつもりだと思ったりするものだ」

メトロポリタン歌劇場で首席ホルンを務めるジュリー・ランズマンは、演奏者の口の位置が気になったことがあると言う。「マウスピースがおかしな位置にあれば、そんな姿勢で吹けるわけがないと思ったりする。そんなふうな思いが生じる可能性はいくらでもある。ホルン奏者の中にはブラスの楽器を使う人もいればニッケルシルバーの楽器を使う人もいる。使っているホルンを見れば、その人がどこの出身で、どんな先生について、学校はどことかいったことがわかる。そういう経歴も人の意見を左右するの。仕切りなしのオーディションで審査したことがあるけど、偏見があったことは否定できない。目で聴いてたわ。目で見たものが判断に影響しないようにすることはできない。本当に音楽を聴くには、耳と心を使わないとだめね」

ワシントンDCではナショナル交響楽団が、シルビア・アリメナをホルン奏者として雇った。オーディションに仕切りが導入される前だったら、彼女ははたして雇われただろうか？　もちろん無理だ。ホルンもトロンボーンと同様「男の楽器」だからだ。さらに言えば、アリメナは小柄で、一五二センチしかない。演奏には関係のないことだ。ある有名なホルン奏者が言うには「シルビアは家だって吹き飛ばせる」。でも演奏を本気で聴く前に彼女の姿を見たら、迫力のある音は聴こえてこないかもしれない。見えるものと聴こえるものが矛盾するからだ。彼女の演奏を瞬時に正しく判断する方法はただひとつ、仕切りを設けるしかない。

最初の２秒が奇跡を生む

クラシック音楽の大変革にはなるほどと思える教訓がある。指揮者はなぜ長い間、自分たちの瞬時の判断が鈍っていることに気づかなかったのか？　私たちは瞬時の認知という自分の力に無頓着なことが多すぎる。第一印象がどこから来るのか、また正確に何を意味しているのかわからない。だから、この吹けば飛ぶような情報をありがたく思わない。瞬間的な認知の力を真剣に捉えるということは、無意識から生まれたものを変質させたり、台なしにしたり、偏見で歪めたりする、ちょっとした影響を認める必要があるということだ。

音楽の善し悪しを判断するのは簡単そうだ。だがそんなことはない。コーラを試飲したり、椅子を評価したり、ジャムを試食するのと同じくらい難しい。仕切りがなければアビー・コナントは演奏を始める前に不合格になっていただろう。仕切りがあったからこそ、彼女はミュンヘン・フィルにふさわしい力があると認められたのだ。

オーケストラは自分たちの偏見に直面したときにどう対応したか？　問題を解決した。これが本書の第二の教訓だ。私たちは瞬時の判断を鵜呑み（うの）みにしすぎる。無意識の中から湧き上がってくるものは制御できないように思う。だが実は制御できる。瞬時の認知が生じる環境を制御できるなら、瞬時の認知も制御できる。戦場で戦ったり、救急室に人を配置したり、警官が町をパトロールするときのミスを防げるはずだ。

「芸術作品を鑑定するときは作品に黒い布をかけておいてもらい、私が部屋に入るなり覆いを取ってもらった。そうすると、そこにある作品に完全に集中できる」とトマス・ホービングは言う。「メトロポリタン美術館では秘書や学芸員に頼んで、購入を考えている作品を意外な場所に飾ってもらった。たとえばコートをかけるクロゼットの中。ドアを開けるとそこに作品がある。その作品に好印象を持つこともあれば、それまで気づかなかった欠点がふいに見えることもある」

彼は自発的な思考の成果を高く評価しており、初期の印象をできるだけ質の高いものにするために特別な手順を取っていた。自分の無意識の力を利用していた。だから、初めてクーロス像を見たときにも心の準備ができていた。

オーケストラで女性が演奏するようになったことは取るに足らない変化ではない。それまでチャンスに恵まれなかったグループに道を開いたのだから大きな変化だ。また、オーディションでの第一印象の質を改めた点でも重要だ。能力だけを基準に判断することによって、オーケストラはより優れた演奏家を雇うようになった。よい演奏家が集まれば、音楽の質は上がる。そのためにクラシック音楽界の活動を見直したわけではなく、新しいコンサートホールを建てたわけでもない。莫大な資金を投入したわけでもない。ほんのささいなこと、すなわちオーディションの最初の2秒に注目しただけだ。

ジュリー・ランズマンがメトロポリタン歌劇団の首席ホルン奏者を選ぶオーディションを受けた

とき、練習用ホールには仕切りが設けられたばかりだった。そのとき、歌劇団の金管楽器のセクションに女性はいなかった。女性は男性のようにホルンを吹けないというのが「常識」だったからだ。だが、そこにランズマンがやってきて演奏した。素晴らしかった。「最終選考で演奏したとき、結果を聞く前に合格したとわかった」と彼女は言う。「最後の曲を演奏したときにちょっと小細工したの。確実に審査員の印象に残るように、最後の高いドの音をかなり長く伸ばしてみたの。審査員は笑い出したわ。必要以上に伸ばしたから」

だが、合格者が発表されて彼女が仕切りの後ろから現れると、みんな息を飲んだ。コナントの場合のように、彼女が女性で、女性のホルン奏者が珍しかったからだけではない。男性の演奏と間違えるような力強く大胆に引き伸ばした高いドの音のせいだけでもない。審査員は彼女を知っていたのだ。ランズマンは以前にメトロポリタン歌劇団で代役として演奏したことがあった。だが耳だけで聴く前は、その演奏の素晴らしさにみんな気づかなかった。仕切りのおかげで純粋な瞬時の認知が可能となり、小さな奇跡が起きたのだ。最初の2秒を大事にすれば、いつでも起きる小さな奇跡だ。そうして彼らは、ランズマンの本当の力を知った。

謝辞

何年か前、私はなぜか髪を伸ばし始めた。まだ本書の構想が浮かぶ前のことだ。それまでの私はきちんと髪をカットし、役人や政治家にでもなれそうなヘアスタイルで通していた。しかし、ある種のひらめきがあって伸ばし始めた。そして高校生の頃みたいにワイルドなヘアスタイルになった。するとどうだ、私の人生は大きく変わった。今までは一度もなかったのに、やたらスピード違反で捕まるようになった。空港のセキュリティ・チェックでも毎度のように引っかかり、入念に身体検査をされる。そしてある日のこと、ニューヨークのグリニッチビレッジのはずれを歩いていたら、目の前でパトカーが停まった。警官三人が飛び出してきて、私を取り囲む。聞けばレイプの犯人を捜しているところで、私が容疑者の似顔絵にそっくりなのだと言う。私は似顔絵と犯人の特徴書きを見せてもらい、できるだけ穏やかに、いかに私が容疑者と似ていないかを指摘した。容疑者の身長は私よりずっと高く、体格はずっとがっしりしていて、年齢も一五くらい若い（それに私ほど美男子じゃない、とも指摘したが、この冗談は通じなかった）。唯一の共通点は、そう、今にも爆発しそうなアフロヘアだけだ。それでも職務質問は続き、ようやく解放されたときには20分以上たっていた。

もちろん、ささいな誤解にすぎなかったことは承知している。アメリカにいるアフリカ系市民はずっと、もっとひどい誤解と偏見に耐えてきた。しかし私は別なことで驚いていた。警官が私を犯人と思い込んだきっかけが、あまりにもくだらないものだったからだ。肌の色が同じとか、身長や体格、年齢が一致していたというのなら、まだわかる。しかし私の場合はヘアスタイルだけだ。アフロヘアを見た瞬間、警官たちの頭に何かの第一印象ができ上がり、ほかの特徴のことは忘れてしまったのだろう。第一印象はこわい。しかし、なぜ第一印象はそんなに強烈なのだろう？　そう思って、いろいろ調べていったら本書ができた。だから本来なら、この短い謝辞の先頭にはあのときの警官三人の名を掲げるべきだろう。

あとは、ごくありふれた謝辞である。雑誌「ニューヨーカー」の編集長デイビッド・レムニクは、私が本書にかかりっきりで職場を放棄していた一年間、恩着せがましくも辛抱強く待ってくれた。持つべきはデイビッドのように寛大な上司である。版元のリトル・ブラウン社は、前著『ティッピング・ポイント』のときと同様、私のわがままを丁重に許してくれた。脱線しがちな私の原稿をきちんと軌道に戻してくれたマイケル・ピーチとジェフ・シャンドラー、ヘザー・フェイン、そしてとりわけビル・フィリップスに感謝する。私に男の子ができたら、きっとビルと名づけるだろう。

いろんな段階で原稿を読み、貴重なアドバイスをくれた友人たちの名も記しておこう。サラ・ライオール、ロバート・マクラム、ブルース・ヘドラム、デボラ・ニードルマン、ジェーコブ・ワイズバーグ、ゾーイ・ロゼンフェルド、チャールズ・ランドルフ、ジェニファー・ウォクテル、ジョシュ・リバーソン、エレーヌ・ブレア、そしてタニヤ・サイモン。みんなに感謝する。エミリー・クロールは、私のために経営者たちの身長を調べてくれた。ジョシュア・アロンソンとジョナサン・スクーラーは、その専門的な技術で私を助けてくれた。レストラン「サボイ」の人たちは、私が昼過ぎからずっと窓際の席を占領していても、いやな顔ひとつしなかった。すてきな料理で私をハッピーにしてくれたキャスリーン・ライオンに感謝。最も信頼する写真家ブルック・ウイリアムズは本書のジャケット用に私の顔写真を撮ってくれた。テリー・マーチンとヘンリー・ファインダーは前著のときと同様、つたない未完成稿を根気よく読み、長くて丁寧な批評を寄せてくれた。そして原稿を整理し、不注意な私のミスを見つけ、修正してくれたスージー・ハンセンとパメラ・マーシャル。この二人がいなかったら、私は大恥をかいていたに違いない。それからティナ・ベネット。彼女はマイクロソフトの社長になるか大統領選に出馬するかすべきだ。そうすれば、その素晴らしい知性とユーモアを世界のために役立てられる（だが、そうすると私はかけがえのないエージェントを失うことになる）。

最後に、わが母ジョイスと父グレアム・グラッドウェル。二人とも、実の親ならではの熱意と率直さ、愛情をもって本書を読んでくれた。深く感謝します。

訳者あとがき

もう一世代分も前のこと、私は東京の公立大学で臨床心理学を専攻する学生だった。卒論を書くにあたって某有名医大の精神科医を拝み倒し、ある入院患者を間接的に、半年ほど観察させてもらった。間接観察だから、患者と過ごす時間より先生（精神分析が専門だった）と過ごす時間のほうが長い。べつに何を教わるでもなく、適度に雑談をまじえつつ患者の病歴について詳しく話を聞くだけの日々だったが、あるとき素敵なことに気づいた。なんの理論的な根拠もないのだが、精神科医は「自分と同じような病気を抱えた患者の気持ちは理解しやすいが、そうでなければ患者の気持ちを理解するのに苦労するらしい」ということだ。ちなみに私が観察していた患者は拒食症であり、私も高校時代の一時期、男にしては珍しい拒食症にはまっていた。そして、聞けば私の先生も若いころ、拒食症に近い状態を経験していた。だから理屈より先に、どこかで患者と気持ちの通じ合うところがあった……のだろう。

本書（原題は"blink"＝ひらめき）を読み、訳し終えた今にして思う。統合失調症（昔は精神分裂病と呼んでいた）なら統合失調症、躁うつ病なら躁うつ病、同じような病気ないし気質を抱えた人どうしだと、理屈以前の「ひらめき」でコミュニケーションできる。だから統合失調症系の精神科医は統合失調症の患者に接しやすく、うつ病系の医者はうつ病の患者を治療しやすい。そこに「ひらめき」の可能性があり、限界もある。日本語ではこういう関係を「似た者どうし」と呼ぶが、そういうカップルは最高に長続きするかドラマチックな破局を迎えるか、どちらかになる可能性が高い。

なぜ、そんな理屈以前のひらめき（本書ではそれを「第1感」と命名した）が有効なのか。なにぶんにも理屈以前の話だから、理屈では説明しにくい。しかし謙虚に「理屈以前」の事例を検討していけば、理屈では説明できないものも理解しやすくなるのではないか。そう考えたところから、著者マルコム・グラッドウェルは本書を書き始めた（のだろう、と私は「第1感」で思う）。

世間には「第六感」という言葉があるが、あれは身体的な（したがって理屈で理解可能な）五感の優越を前提として、理屈を超えた六つ目の感覚を想定している。そうではなく、五感に優越する第1感があるのではないか。誰もが心の底のどこかで抱いているであろうそんな疑問を、著者はパブリックなメディア（権威ある雑誌「ニューヨーカー」）で堂々と問うた。みんなが心の底で信じているのに口には出して言わない疑問（ひらめき、あるいは「第1感」の力）を口に出し、本にした。だから受けた。結果として、本書は「ニューヨークタイムズ」などのベストセラーリストに、一年間も載りつづけた。

不思議な本である。本書の主張を信じてもらう必要はない。そうなのかな、と思って、あなたの

「第1感」を見直してもらえればいい。そうすれば第1感が元気になる。

なお、本書では“adaptive unconscious”を「適応性無意識」と訳した。心理学の本などでは「適応的無意識」としているようだが、私は「〜的」という便利な表現が嫌いなので、あえて「性」にした。「性」にこだわる君はやっぱり精神分析の人間だと、私の先生なら言うかもしれない。

私に本書を紹介してくれた今野哲男氏と最後まで編集を担当してくれた遠藤浩氏に感謝。私の「第1感」で共訳者に指名され、半年近い苦行に耐えてくれた阿部尚美は、きっと翻訳者として私を超えていく。

二〇〇六年立春

沢田　博

第1感

「最初の2秒」の「なんとなく」が正しい

2006年3月1日　初版1刷発行
2020年4月15日　14刷発行

著者 ──── マルコム・グラッドウェル
訳者 ──── 沢田博，阿部尚美
装丁 ──── 木佐塔一郎
発行者 ──── 田邉浩司
印刷所 ──── 新藤慶昌堂
製本所 ──── ナショナル製本
発行所 ──── 株式会社光文社
〒112-8011　東京都文京区音羽1-16-6
電話 ──── 翻訳編集部 03-5395-8162
書籍販売部 03-5395-8116
業務部 03-5395-8125

落丁本・乱丁本は業務部へご連絡くだされば、お取り替えいたします。

ISBN978-4-334-96188-6 Printed in Japan